장점마을

탐욕이 부른 환경 참사

장점마을 환경오염 피해사건
원인규명 활동 기록서

장점마을 환경오염 피해사건 원인규명 활동 기록서

장점마을

탐욕이 부른 환경 참사

신아출판사

| 책 머리에 |

이 책은 장점마을 환경재앙 사건에 대한 기록서이다. 주민들이 환경피해 원인을 밝히기 위해 싸웠던 과정을 기록한 것으로, 앞으로 정부기관에서 종사하는 공무원들의 인식도 바뀌고, 허술한 법도 개정되어 장점마을과 같은 환경 참사가 더는 발생하지 않길 바라는 마음으로 집필을 시작하였다. 지금도 많은 곳에서 환경문제로 고통을 받고 싸우고 있는 분들 혹은 단체들에 도움이 되었으면 한다.

2019년 11월 14일 환경부는 역학조사 최종보고서에서 "금강농산과 주민 암 발생 간의 역학적 관련성이 있는 것으로 판단된다."는 결론을 내렸다. 지금까지 비특이성 질환에 대해 인과관계가 인정된 일이 없었으므로, 국내에서 처음 있는 일이었다.

주민들이 역학조사를 통해 집단 암에 걸린 원인을 밝혀달라고 환경부에 청원을 넣은 때가 2017년 4월이니까 청원을 넣은 지 2년 반이 지나서 얻은 결과다. 실제는 2001년 10월 금강농산이 가동된 뒤부터 주민과 공장 간에 갈등이 시작되었으니까 피해의 원인을 찾기까지는 약 18년이 걸린 셈이다.

필자가 이 문제에 관해 관심을 두게 된 것은 2017년 2월부터이다. "익산 시골 마을 덮친 '암 공포'"라는 제목의 지방 일간지 기사를 보고 놀랐다. 시민단체에서 활동하고 있고, 지역 환경문제에 대해 목소리를 내온 사람으로서 가만히 지켜만 보고 있을 수 없었다. 뭔가 해야 한다는 강한 의무감이 밀려왔다. 역학조사를 당장 실시할 것을 촉구하는 성명서를 냈다. 비료공장도 가고, 마을 주민들도 만났다. 장점마을과의 인연은 이렇게 시작됐다.

본격적으로 활동하게 된 것은 2017년 5월에 민관협의회 위원이 되면서부터다. 주민들의 추천으로 민관협의회 위원이 되면서 역학조사에도 관여하게 되었고, 피해회복을 위해 참여와 관심을 놓치지 않았다. 주민들이 기자회견을 하거나 집회를 할 때 항상 함께했으며, 성명서, 기자회견문을 쓰고 집회 사회도 봤다. 일이 있을 때마다 사진을 찍고, 영상도 촬영하였다. 돌이켜보면, 장점마을에서 일어나는 일들을 정리하여 외부로 알리는 일이 필자가 맡은 역할이 되었던 것 같다. 그래서 주민들은 간혹 '장점마을 플랫폼'이라고 말하기도 한다.

그동안 싸움의 주체는 주민들이었지만 복잡하고 전문적인 사안을 풀어가는 것은 민관협의회가 맡아 했다. 민관협의회 위원으로 폐기물 전문가, 대기 전문가, 역학 전문가, 토양전문가, 법률가, 중앙 정치인, 지역 정치인, 언론인 등이 참여했다. 어쩌면 장점마을 환경재앙 사건은 민관협의회 위원들이 아니었으면 해결하기 힘들었을지도 모른다. 지나서 생각해보니 이들과 만남은 환상적인 조합인 건 사실이다.

민관협의회 위원들이 있어서 고비마다 어려운 과정을 잘 넘어온 것 같다. 민관협의회 위원들은 어려울 때마다 기지를 발휘해 주었다. 오랜 시간 민관협의회 위원으로 강공언 교수(원광보건대), 김세훈 박사(전북대 환경공학과), 오경재 교수(원광대 의대), 권태홍 전 정의당 사무총장, 홍정훈 변호사(민주사회를 위한 변호사 모임 전주·전북지부), 김승철 목사(민관협의회 위원장), 최재철 주민대책위원장 등이 함께하였다. 그리고 위원은 아니었지만, 장점마을 환경피해 사건 해결을 위해 함께 노력한 김강주 교수(군산대 환경공학과), 임형택 시의원 등도 힘을 실어 주었다. 이렇게 장점마을 환경피해 사건 원인을 밝히기 위해 활동했던 분들은 지역사회 큰 자산이었다고 생각한다. 본 저서는 이분들과 함께 활동하면서 느끼고 경험했던 일들을 기반으로 작성한 것이다.

마지막으로, 개인적으로 책을 낼 생각은 없었다. 솔직히 이야기하면 글재주가 없을뿐더러 계획된 백서를 내는데 굳이 책을 내야 하나 생각을 했다. 하지만 평소에도 조언을 아끼지 않은 이영훈 좋은정치시민넷 전 대표께서 장점마을 이야기가 사람들에게 기억될 수 있도록 정리해보라고 권했다. 처음 사건 소식을 듣고 놀랐을 때부터 그 과정을 되짚어 쓰다 보니 힘든 과정을 어떻게 지내왔는지 다시 한번 생각하는 시간이 되었다. 그 과정은 나 자신도 발전하고 성장하는 시간이었다. 또한, 함께한 분들을 생각하면 행복하고 소중한 시간이었음을 깨닫게 되었다.

책을 쓰는데 인터뷰에 응해주시고 진실에 다가가기 위해 함께해주신 강공언 교수, 김세훈 박사, 오경재 교수, 김인수 전 이장, 최재철 위원장, 권태홍 전 사무총장, 김승철 목사님께 감사드린다. 처음 책을 쓰는 거라 서툴렀다. 책 구성의 틀을 잡아주고 교정에도 도움을 주신 김미숙 박사, 오경재 교수, 김세훈 박사께 감사드린다.

끝으로 고통 속에서도 삶의 끈을 놓지 않고 자신의 문제를 해결하기 위해 싸워온 장점마을 주민들에게 존경을 표한다.

2021년 손 문 선

| 차례 |

책 머리에 _ 4

1장 비료공장과 고통의 시작
　우리 지역에서 집단 암 발생 _ 15
　장점마을 _ 17
　금강농산 _ 18
　장점마을 환경재앙 사건 _ 22
　장점마을 환경재앙의 시작, 악취 고통에 시달려 _ 25
　물고기 집단 폐사 _ 29
　금강농산에 표창장 수여 _ 32

제2장 더 이상 참을 수 없는 고통
　장점마을 환경재앙 사건 다시 외부로 드러나 _ 37
　폐업 신고 후에도 연초박 계속 사용 _ 39
　공장 방문했을 때 첫인상 _ 41
　시장과 간담회 _ 44
　시민단체, 긴급 토론회 열어 _ 47
　주민대책위 최초 기자회견 _ 53
　금강농산 조업 정지, 대기배출시설 폐쇄 명령 _ 54

제3장 민관협의회 구성과 역학조사 청원
　민관협의회 구성 _ 59
　환경부에 청원서 제출 _ 67
　장점마을 건강영향조사 청원 수용 결정 _ 68

제4장 환경부의 인과관계 불인정
　비료공장 진입하지 못하고 시간만 허비 _ 79
　역학조사 중간 결과 부정, 연구기관 교체 요구 _ 80
　몸이 왜 가렵지! _ 89
　대기배출량 조사를 어떻게 할 것인가? _ 90
　환경부, 인과관계 불인정 _ 95

제5장 환경부와의 갈등
　환경부 규탄에 나선 지역 시민사회단체 _ 103
　국회에서의 담판 _ 104
　영정 들고 국회 정론관에서 기자회견 _ 108
　장점마을 환경재앙의 교훈과 향후 대책 국회 토론회 _ 111

제6장 결국, 인과관계 인정
역학조사 결과 뒤집은 한국역학회 자문회의 _ 121
환경부 역학적 관련성 인정 _ 125
역학조사 최종 결과에 대한 입장 _ 130
장점마을을 집어삼킨 유해물질(PAHs, TSNAs) 마을 주택
침적먼지 시료에서 TSNAs 검출, 인과관계 증명 가능 _ 133
환경부는 왜 인과관계 인정에 부정적이었을까 _ 139

제7장 정부의 사과
익산시장, 국무총리, 전라북도지사 사과 _ 149
정세균 국무총리 비료공장 방문 _ 152

제8장 원인은 연초박
원인은 연초박 _ 159
KT&G 책임촉구, 연초박 처리 관련 수사 촉구 _ 163
KT&G 책임촉구 1차 상경 집회 _ 168
KT&G 책임촉구 2차 상경 집회 _ 171

전라북도에 연초박 퇴비원료 사용 중단 촉구 _ 174
　　장점마을 후속대책 관계기관 회의, 퇴비원료에서 연초박 퇴출 촉구 _ 176
　　농진청에 장점마을 집단 암 발병 책임촉구 _ 185

제9장 감사원 공익감사와 손해배상 소송
　　감사원 공익감사 결과 _ 189
　　행정은 누구 편? _ 201
　　전라북도지사와 익산시장에게 피해대책 촉구 _ 208
　　행정을 상대로 손해배상 소송 _ 210

제10장 수동적인 익산시
　　민관협의회 익산시에 예비조사 용역 시행 요구, 하지만 익산시 부정적 _ 219
　　폐기물 불법매립 사실에도 물증 없이는 굴착이 어렵다는 익산시 _ 222
　　폐기물 매립 전수조사하자는 민관협의회, 이적 처리하면서 확인하자는 익산시 _ 227
　　공장을 보존하자는 민관협의회, 손해배상으로 위협하는 익산시 _ 227
　　익산시의 모습 _ 231
　　원광대병원 검진 결과, 5명 암 추가 확진 _ 237

제11장 끝나지 않은 장점마을의 환경재앙
  장점마을 환경재앙 재발 방지대책 국회 토론회 _ 239
  장점마을 환경재앙이 남긴 성과 _ 242
  장점마을 주민은 승리자 _ 244
  농촌 지역 환경문제 기폭제가 된 장점마을 사례 _ 245
  장점마을은 진행형 _ 250

참고자료(부록)
  ▫ 장점마을 주요 사건 연표 _ 259

  ▫ 서평 _ 262

제1장

비료공장과 고통의 시작

장점마을 (사진촬영: 조승현 / 정윤선)

우리 지역에서 집단 암 발생

익산 함라면에 있는 시골 마을에서 주민들이 집단으로 암에 걸리는 환경오염 피해사건이 발생하였다. 2017년 2월, 신문 기사를 보고 장점마을 사건을 알게 되었다. 지방 일간지에 '함라 장점마을 80명 중 15명 암 발병, 10명 사망'이라는 제목으로 보도된 기사는 꽤 충격적이었다.

최근에 남원 내기마을에서 집단으로 폐암이 발생하여 지역사회를 분노케 하였는데, 내가 사는 익산에서 집단 암 발병 사태가 터졌다고 하는 기사에 놀라지 않을 수 없었다. 오래전부터 악취, 미세먼지 등 환경문제 해결을 위해 활동하고 있는 사람으로서 사안의 심각성을 알고는 외면할 수 없는 강한 책임감을 느꼈다.

당시 언론 기사를 보니까 장점마을 사태가 언론에 보도되자 익산시는 전라북도 보건 당국에 역학조사를 의뢰했지만, 전라북도 보건 당국은 '장점마을 사례는 환경보건법을 적용해야 하므로 역학조사 대상이 아니다.'라는 견해를 보였다.

나는 이러한 보건 당국의 인식에 동의할 수 없었다. 기사를 보자마자 곧바로 "전라북도 보건 당국은 장점마을 암 발병 역학조사를 당장 실시하라"라고 성명을 발표했다. 왜 남원 내기마을의 암 발생은 역학조사를 실시한 적이 있는 데 반해 장점마을은 역학조사 대상에 해당하지 않는다는 것이 도대체 이해할 수 없다는 내용으로 발표문을 냈다.

성명서가 언론에 보도되자 전라북도 보건 당국에서 전화가 왔다. 모르면서 전라북도만 가지고 뭐라고 한다는 항의였다.

이후에 전문가들과 협의하여 환경보건법에 따라 환경부에 역학조사를 하는 게 타당하다고 결정을 하였지만, 당시에는 전라북도가 업무를 떠넘긴다고 생각하였다.

지역 전문가와 주민들이 환경보건법에 의거 환경부에 역학조사를 의뢰하기로 한 것은 남원 내기마을의 실패 사례도 한몫했다. 남원 내기마을은 2년 동안 질병관리본부에서 역학조사를 진행하였지만, 원인을 밝히지 못했다. 최근에 "남원 내기마을 역학조사는 제대로 이뤄지지 않았다."라는 당시 내기마을 역학조사 참여자였고, 장점마을 연구책임자였던 김 소장의 양심고백(2019년 11월)을 생각하면 잘한 결정이었다.

장점마을 사태가 언론에 보도된 뒤 문득 환경오염과 관련하여 활동하던 기억이 떠올랐다. 오래전에 악취 유발 현장을 점검하기 위해 야간에 사업장 주변을 돌아본 기억이 있었는데, 금강농산도 그중 하나였다.

2002년 시의원으로 활동하고 있을 때였다. 사는 곳이 산업단지 옆이라 악취가 많이 나서 이 때문에 의회에서 발언도 많이 했다. 늦은 밤이면 공단을 들쑤시고 다니는 것이 일상이었다. 종종 새벽에 잠을 자다가 민원이 발생하면 뛰어나가기도 했다.

당시 함께 의정활동을 하고 있던 의원께서 자기 면에도 악취 민원이 많다고 하였다. 금강농산이라고 하는 비료공장이 있는데 악취가 많이 나서 주민들이 힘들어 죽겠다고 민원이 많다는 것이다. 악취에 대해서 관심도 많고 잘 아니까 한 번 나가 주었으면 좋겠다고 부탁을 하였다. 그 의원의 지역구는 장점마을이 있는 함라면이었다.

의원의 부탁을 받고 담당 계장과 함께 밤늦은 시간에 비료공장으로 갔었다. 악취가 나는 것을 확인하기 위해 금강농산 주변에서 밤늦게까지 한참 동안 지켜본 기억이 있다. 그때 당시만 해도 상황이 이렇게 심각한 줄 알지 못했으며 지역구 챙기기도 바쁜 상황이라 한동안 큰 관심을 두지 못했었다. 지금 돌이켜 보면 아쉬움이 크게 남는 대목이다.

장점마을

익산 시내에서 황등을 지나 서쪽으로 가다 보면 함라산 못미처 사거리를 만나게 된다. 사거리에서 산을 넘으면 금강을 낀 웅포가 나오고 서쪽에 군산시 서수가 있고, 동쪽으로 조금 더 들어가면 장점마을이 나온다. 장점마을은 스님이 장삼을 입고 팔 벌린 지세의 함라산 왼쪽 끝자락에서 산줄기가 낮게 내려와 분지 형태를 이룬 곳에 자리잡고 있다.

장점마을은 2017년 현재 45가구에 80여 명의 주민이 벼농사, 밭농사를 지으며 살아가는 전형적인 농촌으로, 한때 함라면에서 두 번째 부촌이었다고 한다. 마을 앞쪽에는 넓은 들판이, 뒤편에는 함라산이 자리하고 있어 농지는 풍족하고 공기와 하천은 맑고 깨끗하였다.

행정구역상 장점마을은 익산시 함라면 신등리에 위치한다. 마을이 속하는 함라면은 평야 지대로 예로부터 쌀을 주로 생산하는 농업 중심지역이며, 농토가 비옥하고 주민들이 온순한 편이다. (최진호, 2004) 신등리는 본래 함 열군 남이면 지역이었는데, 1914년에 신촌, 진산리, 장등리의 전 지역과 장점리, 소룡리 일부가 합해져 형성된 곳이다. 이에 등성이가 깊게 뻗은 곳에서 유래된 '장등'과 도자기를 만들던 곳에서 유래된 '점촌'에서 한자씩 따서 '장점'이라는 이름이 만들어졌다고 한다. 마을 주변에는 왈인, 장고재, 소룡, 입남 등 4개 마을이 있다. (익산향토지, 익산문화원)

장점마을 사진 : 마을 가운데 주차장과 경로당으로 쓰는 회관이 있다.
마을 앞으로 보이는 산 아래 파란 건물이 금강농산이다. 사진 출처 - 시각예술가 정윤선 작가

금강농산

(유)금강농산은 장점마을에서 500m 떨어진 곳에 있다. 장점마을에서 서쪽을 바라보면 함라산 능선 아래 파란색으로 된 금강농산 공장 건물이 눈에 들어온다.

금강농산이 들어온 자리는 원래 삼양요업이라는 세라믹 벽돌공장이 있었던 곳이다. 주민들 이야기에 따르면 벽돌공장은 10년 정도 운영하다가 폐업을 하였다고 한다. 금강농산은 벽돌공장이 문을 닫고 몇 해 지난 후에 들어왔다.

금강농산과 관련된 행정서류를 보면 2001년 6월 5일 자본금 3억 원으로 회사를 설립한다. 7월 11에는 공장 용지 매매 계약을 체결하고 공장 건설 공사를 건설한다. 9월 3일에는 전라북도지사에게 혼합유박과 혼합유기질비료를 생산하는 비료 제조업 등록을 한다. 10월 19일에는 익산시장에게 폐기물처리업 신고를 한다. 10월 20일에는 공장 기계시설 준공을 하고 가동을 시작한다. 11월에는 ㈜풍농과 OEM 계약도 체결한다.

이렇게 비료업과 폐기물처리업을 같이 시작했던 금강농산은 2003년 8월에는 ㈜G.B.R.C(아미노산 발효 부산박 제조) 회사를 합병하고 이듬해 4월에는 단미사료 제조업을 등록하여 본격적으로 유기질비료 생산체계를 갖추게 된다. 2006년 12월 19일에는 전라북도지사에게 퇴비생산업 등록을 한다.

금강농산 대표이사는 2009년 12월 11일에 담양군에서 ㈜농부라는 폐기물종합재활용업체 허가를 받는다. ㈜농부는 식물성 잔재물, 폐사료 등 폐기물을 재활용하여 비료를 생산하는 업체다.

익산시에 신고한 내용을 보면 금강농산은 폐사료, 연초박, 주정박, 장류박, 피마자박, 전분박, 당박 등을 원료로 사용하여 혼합유기질비료는

1일 138.5톤, 부산물비료는 1일 30톤을 생산한다고 되어있다.

얼마나 많은 비료를 생산했는가를 구체적으로 확인하기 위하여 감사원 감사보고서(2020.8) 내용을 잠깐 들여다봤다. "금강농산은 익산시에 연 240일 생산 기준으로 2009년 5월까지는 연간 유기질비료 29,376톤, 2009년 6월부터 2010년 10월까지는 연간 유기질비료 33,216톤, 2011년 11월부터는 연간 유기질비료 33,216톤과 퇴비 7,200톤의 생산능력이 있다고 신고하였다. 금강농산은 익산시에 적게는 연간 16,790톤, 많게는 연간 40,198톤의 비료를 생산하였다고 보고하였다. 금강농산은 퇴비를 2009년부터 2016년까지 8년간 12,600톤 생산하였다고 익산시에 보고하였으나 이번 감사 기간에 위 업체는 퇴비를 거의 생산하지 않았다는 금강농산 직원의 진술이 있었다."라고 하였다. 유기질비료와 부산질비료인 퇴비를 만드는 회사에서 퇴비를 생산하지 않았다는 것에 대해 발암 관련 연초박 문제가 나오기 전까지는 사업체의 내부 사정으로 보고 별 관심을 두지 않았다.

한편 금강농산 대표이사는 익산 외 다른 지역에서도 관련 회사를 운영하였다. 2009년 12월 11일에 담양군에서 ㈜농부라는 폐기물종합재활용업체 허가를 받는데, 이 공장은 식물성 잔재물, 폐사료 등 폐기물을 재활용하여 비료를 생산하는 업체다.

금강농산은 짧은 기간이지만 2009년 6월 1일 ㈜풍농에 혼합 유기질 비료 제조공정을 임대하고 7월 20일 임대계약을 해지한 적도 있다. 2016년에는 담양공장이 화재가 발생하자 불에 탄 폐기물을 익산으로 가져와 처리했다고 한다. 금강농산 대표가 여러 비료회사를 운영하거나 관련되어 있었던 것은 사실로 보인다.

금강농산 유기질비료 제조공정은 식물성 폐기물을 분쇄, 혼합, 성형, 건조, 냉각, 선별, 저장, 포장 단계로 되어있다. 퇴비는 분쇄, 혼합, 교반(부숙), 선별, 포장 단계를 거쳐 제품을 생산하였다. 일반적으로 업체들은 고온 건조과정 없이 유기질비료를 그냥 평온에서 말려 생산했지만, 금강농산은 건조과정에 버너에서 발생한 폐가스를 직접 사용하였다. 버너 연료로 벙커C유, 정제유를 사용하였으며 건조과정에 사용한 폐가스 온도는 380℃ 정도였다. 이런 방식은 보통 건조효율을 높일 수 있어서 생산량을 높이는 데 유리하지만, 다량으로 발생하는 폐가스 관리가 그 무엇보다 중요하다.

그런데 금강농산은 건조공정에서 발생한 폐가스를 계속 순환해서 사용하였다. 또한, 응축시설이나 세정탑에서 발생한 폐수도 별도 처리하지 않고 탱크에 모았다가 연료 혼합용으로 재활용하였다.

결국, 금강농산은 2016년 11월 28일 회사 내부사정이라는 이유를 들어 폐기물처리업을 폐업하고, 같은 해 12월 22일에는 퇴비생산업도 반납한다.

2017년 3월 13일 금강농산은 불법으로 대기배출시설에 공기조절장치(외부공기로 폐가스를 희석시킬 수 있는 장치)를 설치한 혐의로 익산시로부터 조업 정지 처분을 받는다. 같은 해 4월 24일에는 대기배출시설에서 특정대기유해물질인 니켈이 허용기준보다 초과 검출되어 폐쇄 명령 처분을 받는다.

익산시로부터 대기배출시설 폐쇄 명령 처분을 받으면서 금강농산은 주민들에게 집단 암이라는 재앙만 남긴 채 멈추게 된다.

금강농산 사진 : 굴뚝을 통해 흰 연기가 뿜어져 나오고 있다. 공장 내부에서도 연기가 새어 나오고 있는데, 시설의 상당 부분이 부식되어 있었다.

장점마을 환경재앙 사건

장점마을 환경재앙은 농촌 마을에서 집단 암이 발병한 사건이다. 금강농산 가동 시기부터 역학조사 시작 전까지(2001~2017년) 국립암센터에 등록된 암 발생 건수는 총 23건이며, 발생자는 22명이다. 암종류를 보면 간암 1건, 기타 피부암 4건, 담낭 및 기타 담도암 3건, 대장암 3건, 위암 6건, 유방암 1건, 폐암 4건이다. 암으로 사망한 주민은 14명이며, 투병 자는 8명이다.

표1. 장점마을 연도별 암 발생자(2001~2017)

번호	발생연도	암 발생 부위	번호	발생연도	암 발생 부위
1	2001	대장암	13	2012	담낭 및 기타 담도암
2	2004	위암	14	2013	간암
3	2007	폐암	15	2013	폐암
4	2007	대장암	16	2013	기타 피부암
5	2008	췌장암	17	2013	위암
6	2008	담낭 및 기타 담도암	18	2014	위암

7	2008	위암	19	2014	기타 피부암
8	2009	폐암	20	2016	기타 피부암
9	2010	담낭 및 기타 담도암	21	2016	유방암
10	2012	폐암	22	2017	대장암
11	2012	위암	23	2017	위암
12	2012	기타 피부암			

자료 출처 : 《전북 익산시 함라면(장점마을) 환경오염 및 주민건강 실태조사》 162page. 국립환경과학원 2019. 11. 14.

불행하게도 주민만 암에 걸린 게 아니었다. 역학조사 과정에서 드러난 것이지만 금강농산 노동자 5명도 암에 걸렸다. 근로자 암종은 기타 피부암 1건, 대장암 1건, 위암 1건, 유방암 1건, 폐암 1건이었다. 장점마을 암 환자는 2001년부터 발생하였는데 다수의 주민에게서 암이 발생한 시점은 공장 가동 7년째인 2008년부터다. 장점마을 주민들에게 가장 큰 고통을 준 것은 악취였으며, 매연도 심각하였다고 한다.

장점마을 표준화 암 발생비는 전국 대비 모든 암에서 2.05배이며, 갑상선암을 제외한 모든 암에서는 2.22배로 높았다. 기타 피부암의 경우 남녀 전체가 전국 대비 21.14배이며, 여자 기타 피부암의 경우는 25.41배였다. 남자 담낭 및 담도암은 전국 대비 16.01배였다. 장점마을 주민들의 암 발생은 금강농산 가동 후 최소 거주기간 7년 이후부터 증가하는 것으로 나타났다. 금강농산 근로자 암 발생비는 모든 암에서 여자의 경우는 익산시 직장인 대비 11.21배였으며, 함라면 직장인 대비는 36배로 매우 높았다. 500m 떨어진 마을 주민과 공장 작업자들의 높은 암발병률을 볼 때 같은 원인으로 영향받았다는 심증을 가지기에 충분하다.

환경부가 시행한 「전북 익산시 함라면(장점마을) 환경오염 및 주민건강 실태조사,(역학조사)를 보면 "㈜금강농산이 퇴비(교반 공정)로 사용해야할 연초박을 불법으로 유기질비료 원료(건조공정)에 사용했으며, 허술한 방지시설 관리로 건조과정 중 휘발되는 연초박 내 TSNAs[1] 등 발암물질들이 제대로 처리되지 않고 대기 중으로 배출되어 장점마을에 영향을 주었으며, 이로 인해 ㈜금강농산과 주민 암 발생 간의 역학적 관련성이 있는 것으로 판단된다."라고 하였다.

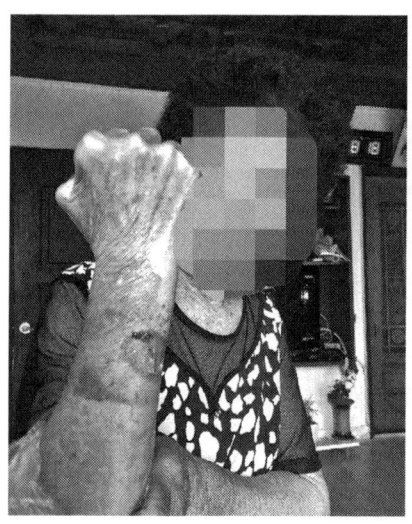 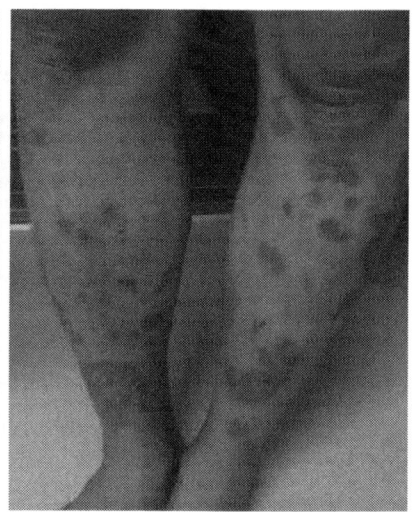

주민들은 지금도 피부병으로 고통받고 있다.

[1] TSNAs(담배특이니트로사민)는 95%가 니코틴인 담뱃잎의 알칼로이드의 니트로소화(nitrosation) 과정에서 생성된다. TSNAs는 담뱃잎을 건조와 숙성 가공 과정 또는 담뱃잎 보관 과정에서도 생성된다. 7개의 TSNAs 중 인체 위해성 관련해서 알려진 4종의 TSNAs는 NNK, NNN, NAB, NAT가 있다. NNN, NNK는 국제암연구소(IARC) 1군 발암물질(인체 발암에 충분한 근거가 있음)이다. NAB, NAT 국제암연구소(IARC) 3군 발암물질(발암가능성이 불충분함)이다. NNN 또는 NNK는 사람에서 폐암, 비강암, 구강암, 간암, 식도암, 췌장암, 자궁경부암을 일으킬 수 있는 것으로 알려져 있다. 담뱃잎 종류별로 실험한 결과 높은 온도 조건이 TSNAs 형성에 영향을 주고, 처리된 담뱃잎에 질산염(nitrate)을 첨가하고 고온 조건일 때 농도가 증가하는 경향을 보인다. (출처: 전북 익산시 함라면(장점마을) 환경오염 및 주민건강 실태조사. 국립환경과학원. 2019. 11. 14)

장점마을 환경재앙의 시작, 악취 고통에 시달려

처음에 주민들은 공장이 들어오면 마을이 좋아질 줄 알았다. 마을에 공장이라도 있으면 먹고사는 데 도움이 될 것 같아 찬성했지만, 마을 주민들의 기대는 얼마 가지 않아 무너지고 고통으로 돌아왔다. 금강농산 가동과 함께 악취와 매연으로 인한 피해가 시작되었다. 주민 이야기에 따르면 송장 썩은 냄새가 났다고 한다. 마을 주민 몇 명이 낮에 일하다가 악취에 쓰러져 응급실에 실려 갔다. 머리가 아프고 속이 메슥거려서 잠을 잘 수가 없었다고 한다. 해 질 녘, 새벽녘에 풍겨오는 악취는 주민들의 정상적인 삶을 빼앗아 갔다.

"추석 때 집사람하고 제수씨하고 응급실에 실려 갔다. 공장 직원들이 대책도 없이 모두 퇴근해 버렸다. 아무도 없는데 로에서 열이 과했는가? 불이 났다. 불이 나니까 악취가 말할 수 없었다. 시커먼 매연이 집으로 들어왔다. 호흡기가 상해서 제수씨가 명절 지내려 왔다가 응급실에 실려 갔다. 소방차가 와서 불을 끄고 그랬지만……."(김인수 전 이장)

"우리 마을에는 예전부터 있던 공장이 있었다. 그런데 그 공장에서는 아주 심한 연기가 나고 있다. 방과 후 집으로 돌아올 때면 나도 모르게 손이 어느새 코에 가 있다. 나는 처음에 텔레비전에서 공해가 심하다고 할 때 그렇게 심할까 했다. 그런데 겪어보니 너무 지독하다. 연기를 뿜되 정화되었으면 좋겠다. 2002년 1월 30일 목요일."(장점마을 초등학생 일기 내용. 출처 : 2002. 3. 25. 주간익산내일신문 6면)

"밤낮 관계없이 악취가 심했으나, 오후 5시 이후부터 심해서 집안에서 문 닫고 나오지 못했다. 남편은 누워있으면 좀 낫다고 누워있으라고 했다. 특히 저녁이 더 심했다."– 출처:《장점마을 환경오염 및 주민건강 실태조사 보고서》189페이지 수록 내용. 국립환경과학원 2019. 11. 14

"함라면 신목리 장점마을에 위치해 있는 금강농산, 유기질비료를 만드는 공장이라고 말을 하지만 공장에서 나오는 냄새며 연기가 어찌나 지독한지 두통이 생기고 구역질이 나고 농작물에 퍼런 이끼가 낍니다. 근처에 거주하시는 분들은 아실 겁니다. 그래서 몇 차례 시청에 민원도 넣어봤지만 돌아오는 답은 '시정하겠다고 합니다.'뿐입니다. 얼마 전에는 굴뚝 교체 작업을 했는데 높이를 예전보다 더 낮게 하여 냄새며 연기가 모두 근처 마을과 바로 옆에 있는 주택으로 날아옵니다. 왜 담당자는 연락하면 바로 오지 않는 겁니까? 오셔서 직접 냄새를 맡아보시면 얼마나 심각한지 아실 겁니다. 신속한 조치 해 주십시오." – 출처 : 《익산시청 홈페이지》 2009. 11. 20., 《장점마을 환경오염 및 주민건강 실태조사 보고서》 207페이지 수록 내용. 국립환경과학원 2019. 11. 14.

악취에 시달리고 키우고 있던 가축들이 시름시름 앓으면서 공장 인근에 사는 장점마을과 소룡마을 주민들은 대책위를 구성하였다. 주민대책위는 공장 가동을 중지하라고 민원도 넣고 항의를 하였다. 주민들의 집단 움직임에 금강농산 대표가 각서를 썼다. 금강농산 대표는 각서에 공해방지시설도 설치하고, 악취가 밖으로 나가는 것을 줄이기 위해 공정도 바꾸겠다고 했다. 안되면 공장도 폐쇄하겠다고 하였다.

각서까지 썼지만, 금강농산은 약속을 지키지 않았다. 악취는 갈수록 더 심해졌다. 참다못해 2002년 봄 비료공장 인근 10개 마을 주민들은 공장 진입로에 트랙터를 세우고 항의 농성을 하였다. 익산시는 전북보건환경연구원 실시한 악취 조사 결과가 기준치 이하로 나왔다며 미온적 태도를 보였다. 게다가 방지시설 완료 전까지 조업 중단을 요구하는 것은 무리라고 하였다. 더 이상 행정에 기대할 수 없기에 길을 막고 항의 농성했다가 주민들은 업체 측으로부터 업무방해로 고소되어 경찰과 검찰에 가서 조사를 받았다. 검찰 조사 이후 주민들은 겁을 먹어 공장을 상대로 더는 싸울 수 없게 되었다고 한다. 어쩌면 그동안 대한민국 농촌 지역 환경문제 해결 과정에서 나타나는 일반적인 현상 같고 결국 주민 민원이 사그라지는 절차인지도 모른다는 생각이 든다.

금강농산은 부산물비료(퇴비)와 혼합유기질비료를 생산한다고 허가를 받았지만, 퇴비 생산시설은 최초 허가 때만 갖추고, 이후에는 가동한 적이 없었다고 한다. 돈을 받고 가져온 음식물쓰레기, 간장 찌꺼기, 담뱃잎 찌꺼기, 쓰레기 등을 이용해서 유기질비료를 만들었다.

"아침에 방에서 나오면 냄새가 엄청 독했다. 공장에서 간장 찌꺼기를 많이 넣었다. 어떤 때는 한 차씩 넣었다. 그 짠 냄새 엄청났다. 옥수수 찌꺼기도 들어왔다. 옥수수 썩은 냄새는 송장 썩는 냄새와 같았다. 음식물 찌꺼기는 건조해서 들어오는데 냄새가 엄청났다. 이런 것들을 섞어서 비료를 만드니까 냄새가 안 나겠는가, 아침에 자고 일어나면 기분이 좋아야 하는데 인상부터 써졌다. 언제부터 들어왔는지 정확히 기억이 나지는 않지만, 연초박이 들어왔다. 연초박이 박스로 오면 지게차 발을 박스에 찔러 넣고 연료 혼합하는 곳으로 싣고 가서 분말이 내려오게 털었다. 한나절쯤 일하고 밥을 먹기 위해 마스크를 벗으면 마스크 안이 새 깜 했다. 연초박을 넣어 비료를 만드는 것이 당연한 줄 알았다. 위험하다는 생각은 안 했다. 연초박을 털면 냄새가 독했다. 당연히 그런가 보다 했다. 공장 때문에 주민들이 암에 걸렸다는 것을 미리 알았다면 목숨이 10개라도 다니지 않았을 것이다."(김인수 전 이장. 2003년부터 2017년 3월까지 금강농산에서 근무)

폐기물을 원료로 취급하는 회사였다지만 공장 내부와 주변 환경관리는 최악이었다고 한다. 야적장도 장화를 신고 다녀야 했다고 한다. 담뱃잎 찌꺼기가 들어있는 상자는 야적장에 널브러져 있었다. 비가 오면 물에 떠다닌 담뱃잎 찌꺼기가 아래 수로로 흘러내려 갔다고 한다. 2016년

9월에는 화재가 난 담양공장에서 실어와 공장 마당에 쌓아 놓았던 불에 탄 폐기물 재가 잠깐 내린 폭우에 쓸려 내려가 소류지 물이 새까맣게 되었다고 한다.

이런 일도 있었다. 군산에 있는 바스프에서 액비를 가져와 공장 마당에 10m 정도 파서 쌓아 놓고 쓰다가 남은 것은 그 자리에 묻어 버렸다고 한다.

역학조사 과정에서 공장부지에 폐기물의 매립과 함께 토양 내 폐수오염이 심한 생태를 확인하였는데, 마을 지하수 오염문제를 비껴갈 수는 없었다. 장점마을과 인근 마을에 상수도가 들어와 있었지만, 대부분 주민은 식수로 지하수를 사용하고 있었다. 밭농사에 사용하는 물도 지하수를 사용했다. 마을에 상수도가 들어와 있었는데 상수도를 설치하지 않고 지하수를 사용한 것은 비용 부담 영향도 있었던 것 같다. 전북보건환경연구원과 익산시 예비조사 결과 지하수에서 절반 가까이 먹는 물 기준 이상의 질산성 질소가 검출되었고, 모든 물에서 나프탈렌이 확인되면서 익산시가 상수도를 설치해 주었다.

"2010년 12월 21일에 교회에 부임했는데, 아이들이 너무 가려워하고 피부에 두드러기가 나서 정수기를 놓았다. 그때 지하수를 쓰고 있었다. 처음에는 아토피가 있어서 그런 줄 알았다. 혹시 물 때문에 그런가 의심이 들어서 연수기를 먼저 설치했다. 연수기를 설치하니까 괜찮아졌다. 그래서 물 때문인가 보다 생각해서 많은 돈을 들여 정수기를 설치했다. 정수기를 설치하고 3개월이 지나니까 설치 업체에서 점검하기 위해 방문을 했다. 방문한 직원이 정수기를 열어보고 막 불러 속을 보여주었다. 필터 6개가 시커멓게 되어있었다. 관리직원은 이 물 사용하면 안 된다고 했다. 계속 사용하면 죽는다고 했다. 이야기를 듣고 바로 상수도를 설치하였다. 예수

병원에서 교인들 무료 건강검진을 해 준 적 있다. 그때 우리 가족 모두도 건강검진을 했는데 충격적이게도 아이들 모두 갑상선에 좁쌀이 있었다. 검사한 의사도 왜 그런지 모르겠다고 했다. 나중에 알아보니까 몸에서 가장 먼저 문제가 생기는 게 갑상선이라고 한다. 2015년인가 아내도 갑상선에 혹이 있어 떼어냈다. 조직검사를 했는데 다행히도 암은 아니었다. 지금도 갑상선에 혹이 몇 개 있는 상태다."(마을 인근 교회 목사)

물고기 집단폐사

소류지는 마을과 금강농산 사이 중간 정도에 있다. 소류지라는 말은 흔히 시골에서는 방죽, 작은 저수지를 말한다. 소류지는 마을보다 높고, 금강농산보다는 낮은 위치에 있다. 소류지는 별로 넓지가 않다. 그래서 저수지라고 부르지 않는 것 같다.

현재는 금강 나포 취수장에서 보내는 물로 농사를 짓고 있지만, 전에는 소류지 물로 농사를 지었다고 한다.

2010년 9월 평년보다 비가 많이 왔는데, 비 온 뒤 소류지에 사는 붕어, 올챙이들이 집단 폐사는 일이 발생하였다. 당시 사진을 보니까 빗물과 함께 흘러온 기름과 폐수 때문에 소류지가 검게 변해있었다. 현장 사진을 찍은 마을 주민은 금강농산 쪽에서 내려오는 도랑은 시커멓게 오염된 폐수가 흐르고 있었고, 도로와 밭 사이로 폐수가 흘러간 흔적도 그대로 남아 있었다고 하였다. 주민들은 늪지에서 참지 못할 악취가 났다고 했다.

주민들이 민원을 제기하자 금강농산은 엄청난 자금을 들여 환경시설 개선을 했고, 저수지 오염과는 전혀 관계가 없다고 발뺌을 하였다. 익산시가 전북보건환경연구원에 조사분석을 요청하여 검사한다고 시료를 떠갔는데, 돌아온 답변은 '공장 폐수와 관련성이 없다.'라는 것이었다. 당시 보도된 신문 기사를 보면 그때 상황을 생생하게 설명하고 있다.

어디선가 흘러든 기름이 저수지 이곳저곳에 즐비하다. 죽은 물고기가 몸통을 드러낸 채 썩어가고 있다. 참지 못할 악취가 코를 찌른다. 때아닌 먹거리를 만난 백로 떼가 무리를 지어 물고기 시체를 해치우고 있다. 29일 오전 익산시 함라면 신목리 장점마을 뒤편 장점저수지에는 악취와의 전쟁에 나선 주민들이 폐수로 멍들어가고 있는 저수지 오염원 찾기에 한창이다. 저수지 인근이라 해야 달랑 집 한 채와 폐 사료를 이용해 유기질 비료를 생산하는 A 업체만이 버티고 있을 뿐이다. 그러나 알 수 없는 기름과 폐수가 어디선가 한꺼번에 유입되면서 저수지 일대는 온통 폐수로 물들고 말았다. 저수지 초입에 들어서자마자 코를 찌르는 심한 악취가 심각성을 더해준다. 지난 20일부터 저수지를 온통 뒤덮었던 죽은 물고기는 백로의 밥이 되면서 다소 줄긴 했으나 여전히 물고기 시체로 뒤범벅이다. 폐수를 견디지 못한 채 죽은 올챙이들도 저수지 일대를 수놓고 있다. 기름과 함께 섞인 폐수를 견디기 힘든 듯 몸부림치는 물고기와 올챙이가 몸을 비틀며 사투를 벌이고 있다. 폐수로 전락한 저수지 물은 장점마을 앞 하천으로 흘러들어 황등천에 이른다. 검게 물든 물이 지나면서 주민들은 벌써부터 지하수 오염을 걱정한다. 저수지 주변의 장점마을은 물론 왈인·장고재마을 120세대 주민 대부분이 지하수를 이용하고 있기 때문이다. 일부 주민들은 인근 비료공장에서 발생된 심한 악취로 목이 아프거나 구토증세를 보여 인근 병원을 찾아 치료 중이라는 것이다. 주민들은 지난 20일 발생된 인근 비료공장 화재 이후 저수지 오염이 악화됐다며 철저한 진상규명을 촉구하고 있다. 하지만 비료공장 관계자는 "주민들의 잇따른 민원제기에 따라 올해 초 17억 원이라는 엄청난 자금을 들여 환경시설을 개선했다"면서 "저수지 오염과는 전혀 관계가 없다"는 입장이다. 익산시 함라면 신목리 장점마을 A씨(61세)는 "지난 20일부터 어디선가 흘러든 기름과 폐수가 저수지를 덮치면서 물고기가 죽거나 심한 악취까지 발생해 생활 불편이 이만저만이 아니다"며 관계기관의 철저한 진상규명이 시급하다고 지적했다. -《전북일보》 2010. 9. 30.

물고기 집단 폐사 사건으로 금강농산이 행정처분을 받은 것은 없었다. 이는 비료공장이 원인은 아니라는 걸 행정절차로 확인해준 꼴이 되었다. 익산시에서 받은 금강농산 지도점검 내용을 보면 위반사항이나 조치 사항은 없었다. 같은 해 10월에 악취를 검사한 내용도 검사 결과는 적합으로 되어있다.

물고기 집단 폐사 이후 익산시가 한 것은 소류지 준설이었다. 폐수가 유입된 소류지 안의 퇴적물이 얼마나 오염되었는지에 대한 조사도 없이 준설을 진행했고, 주변 마을 논을 파서 매립하고 성토해서 마무리했다. 잘못된 일은 다시 드러나는 법. 역학조사 과정에서 주민들이 알려줘 메운 곳이 확인되었다. 매립되어 있던 준설토는 역학조사 이후에 익산시가 예산을 들여서 전부 이적할 수밖에 없었다.

소류지가 색깔이 검게 변했다. 물고기와 올챙이 사체가 물 위에 떠 있다. 소류지로 연결된 수로로 폐수가 흐르고 있다.

금강농산에 표창장 수여

금강농산이 최초로 폐수처리시설을 설치한 것은 2010년 8월이다. 그 전까지는 폐수처리시설이 없었다. 폐수처리시설을 설치하기 전에는 폐수를 어떻게 처리했는지 알 수 없다. 익산시에 신고한 적어 없어 어디에다 버렸는지, 재활용했는지, 위탁 처리했는지 알 수가 없다.

금강농산은 공장 왼쪽 산에서 물 내려오는 도랑 옆에 폐수처리장을 설치하였는데, 생물학적 처리를 하여 1일 40㎥를 방류하겠다고 신고하였다.

금강농산이 폐수처리장을 설치하고 바로 폐쇄한 것을 보면 효과가 없었던 같다. 별도의 여과시설도 설치되어 있지 않고 몇 개의 콘크리트 칸막이를 거쳐 나가도록 만들었으니 제대로 된 처리 효과를 기대하기 어려웠을 것이다. 공장 근무자 증언에 따르면 폐수처리장 물을 산에 뿌리는 방식으로 처리했고, 나무가 죽자 다시 공장에서 재활용해서 썼다고 한다.

금강농산은 소류지 물고기 집단 폐사 이후 폐수처리방법을 변경한다. 생물학적 처리 후 1일 25㎥는 재이용하고, 15㎥는 위탁 처리하겠다고 신고했고 이후 2012년 10월에는 전량 위탁 처리하겠다고 변경 신고했다.

하지만 확인결과 금강농산은 위탁처리를 한 번밖에 하지 않고 전량 재사용하였다. 공장 굴뚝 앞에다 저장 탱크를 매설하고 이곳에 폐수를 모아 원료를 배합하는 데 사용하였다. 금강농산이 폐수를 전량 위탁 처리한다고 하면서 설치된 폐수처리장을 폐쇄하는데, 위를 콘크리트로 덮고 조립식 식당 건물을 지었다.

역학조사 과정에서 폐기물 불법매립을 확인하기 위해 식당 아래를 시추한 결과 4m 깊이의 폐수 찌꺼기 층이 발견되었다. 익산시가 폐수 위탁처리 실적을 한 번이라도 확인했다면 금강농산의 불법 행위를 적발할 수 있었을 것이다.

금강농산이 유기질비료 생산과정에 폐수를 재사용하면서 방지시설이 제 기능을 하지 못했을 거라 판단된다. 벙커C유나 정제유를 태워 유기질비료 제품을 건조하면서 발생한 폐가스와 폐수가 혼합되어 유해물질 농도는 수 배로 증가하였을 것이다. 시커멓게 변한 폐가스를 처리하는 과정에 방지시설로 응축시설, 냉각탑, 세정탑이 있었지만 제 기능을 할 수 없었을 것이다. 그 결과 고농도의 유해물질이 굴뚝을 통해 대기로 배출되었다고 본다.

공장에 처음 갔을 때 기억을 되짚어 보면 대기방지시설인 응축시설과 냉각탑은 검댕이로 얼룩져 있었고, 마치 화재진압 후 흘러나오는 검은 폐수처럼 처리수도 먹물 같았다. 폐수 열을 식히기 위한 냉각시설도 있었는데, 검은 냉각수가 스프레이처럼 주변으로 튀어나와 굴뚝 주변은 검댕이로 색칠하듯 변해있었다.

아이러니하게도 금강농산은 폐수처리시설을 설치한 해에 전라북도로부터 표창장을 받았다. 전라북도는 금강농산이 환경기술지원사업에 적극적으로 참여하여 중소기업의 환경문제를 해결하는 데 이바지한 공이 커 표창을 수여했다고 한다.

제 2 장

더 이상 참을 수 없는 고통

금강농산

장점마을 환경재앙 사건 다시 외부로 드러나

장점마을 환경피해 사건이 외부로 다시 드러나게 된 것은 2016년 9월이다. 공장 아래 소류지가 검게 변하면서 주민 항의가 다시 시작되었다. 당시 마을 사람들은 소류지 물이 다시 시커멓게 변한 것을 보고 가만히 있어서는 안 되겠다는 생각을 했다고 한다.

주민들은 행정에 민원을 넣었고, 행정은 민원을 제기한 주민들과 함께 비료공장과 소류지를 점검을 하였다. 점검하는 과정에서 공장 폐수가 수로를 통해 하천으로 유입된 것이 확인되었다. 비료공장 앞마당에 연초박을 불법으로 쌓아 놓은 것도 적발하였다. 이날 점검 결과로 익산시는 금강농산에 과태료, 과징금 처분을 하였고, 고발하였다.

당시 담당 공무원과 함께 공장 점검을 하였던 최재철 주민대책위원장 이야기에 따르면 공장 앞마당에 뭐가 엄청나게 쌓여있어 담당 공무원에게 "이게 뭐냐"고 물어봤다고 한다. 위원장 질문에 담당 공무원은 "별거 아니다."라고 답변했다고 한다. 위원장이 좀 가져가서 알아봐야겠다고 하니까 그때야 연초박이라고 이야기했다. 위원장도 비료공장에서 연초박을 쓰고 있다는 것을 전해 들은 적 있지만 직접 눈으로 본 것은 처음이었다고 한다.

"더 이상 가만히 있어서는 안 되겠다고 생각했다. 당시 이장하고 함께 행동했다. 먼저 KCN에 취재를 해달라고 요청을 했다. KCN에서 보도하면서 언론화가 되었다. 그 이후 지역방송국에서도 열심히 보도를 해주었다. 언론에 보도된 뒤 시에서 나왔다. 우리가 나와달라고 했다. 시 담당 공무원과 공장에 갔더니 마당을 걸을 수가 없었다. 마당이 질퍽거리고 폐기물 대형 자루도 엄청나게 쌓여있는, 이상하게 담뱃가루 같은 것이 있었다. 그래서 이게 뭐냐고 함께한 담당 공무원에게 물었다. 그랬더니 '위원장님 뭐 아시려고 그래요. 그냥 가시게요. 내려가시게요.' 했다. 그래서 내가 알아야 하니까 당신들이 안 알려주면 내가 가지고 가서 확인해 보겠다고 했더니, 그때야 연초박이라고 했다. 그때는 연초박이 나쁜지도 몰랐고, 그냥 연초박인가 보다 생각했다. 상식적으로 담뱃가루가 안 좋다는 것은 알고 있었다. 하지만 그 물질에 의해서 마을이 초토화되었다는 생각은 못 했다. 나중에 알고 보니까 공장에서 엄청난 살인 무기를 가져다 쌓아 놓고 비료를 만들었다. 공장에 가니까 회사 사장이 나와서 소류지 오염물질을 자기 공장에서 내보낸 것이 아니라고 발뺌을 했다."(최재철 주민대책위원장)

장점마을 상황이 언론에 자주 보도되니까 2017년 2월 전라북도의회 환경복지위원회 위원들이 마을과 공장을 방문하였다. 공장에 가서 냄새가 심하게 나는 폐수도 직접보고 주민들 이야기도 들었다. 도의원들이 방문했을 때 방송, 신문 기자들도 함께 왔다. 도의원들의 방문을 계기로 장점마을 사태가 언론에 대대적으로 보도되는 기폭제가 된 것이다.

45가구 80여 명이 사는 조용한 시골 마을에서 주민 12명이 암으로 사망하고, 10명이 암으로 투병하고 있다는 보도는 지역사회뿐만 아니라 나라 전체에 큰 충격을 주었다. 지역 언론사 보도로 시작된 장점마을 사태는 빠르게 전국 뉴스가 되었고, 연일 주목받기 시작했다.

때맞춰 지역 시민단체도 움직이기 시작했다. 2017년 3월 2일 좋은정치시민넷은 역학조사를 촉구하는 성명서를 냈다. 단체는 성명서에서 "주민들이 집단 암에 걸렸다는 안타까운 소식을 접한 시민들은 통탄하지 않을 수 없다. 그동안 관련 기관은 무엇을 했는지 묻지 않을 수 없다. 전라북도 보건 당국의 질병관리본부 역학조사 대상이 아니라는 대답에 시민들은 분노한다."라며 "전라북도가 빠른 시일 내에 질병관리본부와 협의하여 암 발생 원인을 밝히기 위한 역학조사를 실시하라."라고 촉구하였다.

폐업 신고 후에도 연초박 계속 사용

금강농산은 2016년 11월 15일 익산시에 폐기물처리업 폐업 신고를 한다. 폐기물처리업을 폐업한다는 것은 비료생산에 더는 폐기물을 사용하지 않겠다는 것이다. 익산시는 폐업신고서를 11월 28일 수리했다. 금강농산 폐기물처리업 폐업 신고를 하면서 공장에 보관 중이던 연초박 10톤을 11월 11일까지, 담박 21톤을 11월 14일까지 비료제조에 사용했다고 제출하였다. 폐업 신고 나흘 전까지 연초박을 사용했다는데, 공장에는 연초박을 원료로 한 퇴비는 없었으니, 어떤 방식으로 사용했는지 그저 암담한 생각만 들었다.

금강농산은 폐기물처리업을 폐업한 이유를 회사 내부사정이라고 하였지만 같은 해 9월에 있었던 소류지 오염 사건이 원인이지 않았나 싶다. 소류지 오염 사건 이후 익산시는 주민들과 함께 공장을 점검하였는데, 이때 연초박 불법 야적과 폐수, 유류 유출을 적발한다. 금강농산의 불법행위를 적발한 익산시는 금강농산을 고발 조치하고 과태료를 부과하였다. 금강농산의 위반사항은 폐기물(담뱃가루, 폐유) 부적정보관, 공공수역에 특정수질유해물질 및 유류 유출이다. 금강농산은 익산시의 조치로 과징금 1,000만 원, 과태료 300만 원, 벌금 300만 원의 처벌을 받게 된다.

금강농산에서 사회적으로 위해 논란이 많은 담배폐기물인 연초박이 발견된 것은 매우 심각한 사건이다. 특히 열을 가해 유기질비료를 만들었다면 금강농산뿐만 아니라 관련된 사람들은 앞으로 문제가 될 것이라는 것을 알고 있었을 것이다.

금강농산은 폐기물처리업을 폐업하면서 보관 중이던 폐기물을 다 처리했다고 익산시에 신고하였지만, 여전히 공장 마당과 내부에 많은 양이 방치되어 있었다. 연초박도 마찬가지로 처리되지 않고 남아 있었다.

폐업 신고 후에도 계속 폐기물을 보관하고 있었다면 익산시가 현장 확인의 의무를 다하지 않은 것이다. 폐기물관리법에 따르면 휴업 또는 폐업의 신고를 하려는 자는 환경부령으로 정하는 바에 따라 보관하고 있는 폐기물을 전부 처리하여야 한다. 폐기물처리업 폐업 신고를 받은 행정기관은 현장에 나가 확인하고, 방치폐기물에 대해서는 처리 명령을 해야 한다.

폐업 후 감독 의무 미이행은 주민들이 감사원에 공익감사를 청구한 내용이지만, 익산시의 업무 소홀로 금강농산이 폐업 이후에도 연초박을 유기질비료 원료로 사용하게 되었다.

"익산시(담당 공무원)가 폐업 신고 2개월 전인 2016. 9. 22. 민원을 접수하고 금강농산을 현지 확인하였을 때 연초박 약 10톤을 신고된 보관 창고가 아닌 야외에 보관하고 있는 것을 발견하여 「폐기물관리법」 제25조 제9항 제1호 위반으로 고발 및 행정처분을 하였으므로 금강농산이 연초박을 신고한 장소가 아닌 다른 장소에 보관하였던 사실을 알고 있었다.
따라서 금강농산이 2016. 9. 22. 점검 당시 보관하던 연초박 10톤 등의 폐기물을 퇴비에 사용하였다면 퇴비 부숙 기간(75일) 등을 고려할 경우 폐업 신고를 할 당시 퇴비가 생산 중이거나 생산을 마친 직후이었을 것이므로 현지 확인을 하였을 때 퇴비의 생산·판매량을 장부와 대조하는 등 폐기물 사용 실적과 함께 폐기물처리 계획에 따라 제대로 처리하였는지를 철저하게 확인하여야 했다.

그런데도 2016. 11. 25. 금강농산을 현지 확인하면서 장부 대조 등을 통해 퇴비 생산량이 장부에 기재된 것과 일치하는지 확인하지 않았고, 금강농산이 유기질비료 생산시설을 동일 공장 내에 갖추고 있으므로 같은 해 9. 22. 지적한 바와 같이 연초박을 공장 내 다른 장소에 보관할 가능성이 있는데도 공장 내 유기질비료 원료보관 장소의 원료 더미를 제대로 확인하지 않은 채 현지 확인을 마친 후 공장에 보관하고 있는 폐기물이 없다는 현지 확인결과 문서를 작성하여 폐업 신고를 수리하였다.

이와 같이 익산시의 금강농산 폐기물처리를 소홀히 확인한 결과 유기질비료의 원료로 사용할 경우 고온건조과정에서 담배특이니트로사민을 발생시키는 연초박이 미폐기되는 결과를 초래하였다."-《익산 장점마을 집단 암 발생 사건 관련 지도·감독 실태 감사보고서》 감사원 2020. 8. 5.

공장 방문했을 때 첫인상

2017년 3월 2일 금강농산과 장점마을을 방문하였다. 장점마을 사건이 언론에 보도되어 공장도 확인하고 마을 주민들의 이야기를 들어보고 싶었다. 이날 공장방문에는 강공언 원광보건대 교수, 임형택 익산시의원, 김정수 (협)환경안전건강연구 소장, 박영오 익산환경운동연합 운영위원장, 이은숙 환경운동연합 사무국장이 함께하였다.

공장을 방문했을 때 회사대표를 만났다. 아버지가 공장을 설립하여 운영하다가, 몇 년 전부터 아들이 회사를 물려받아 대표를 하고 있었다. 주민들이 비료공장 때문에 집단으로 암에 걸렸다고 주장하고 있는데,

어떻게 생각하냐고 물었다. 이에 대해 공장대표는 억울하다고 이야기하였다. 조사해서 원인을 밝혀 주기를 바라며, 조사에도 응하겠다고 하였다.

마을 경로당에서 최재철 주민대책위원장 등 주민들을 만났다. 마을의 상황을 듣고, 비료공장에 관해서도 이야기를 나누었다.

며칠 지나 주민대책위원회 발대식에 맞춰 다시 공장과 마을을 방문하였다. 필자가 대표로 있는 좋은정치시민넷에서 긴급 토론회를 계획하고 있어서 공장시설을 자세히 살펴볼 필요도 있었고, 대책위 발대식에도 참석하기 위해서였다.

장점마을 주민대책위 발대식 사진 : (좌측 사진) 최재철 주민대책위원장, (우측 사진) 인사말 하는 필자(2017. 3. 11. 장점마을 노인정)

공장 내부는 먼지가 많아 뿌연 상태였다. 공장 구조물이나 생산시설은 청소를 한 번도 하지 않았는지 한 뼘 두께로 먼지가 쌓여있었다. 움직일 때마다 먼지가 발 쪽에서 올라왔고, 조심했지만 옷은 이내 먼지로 범벅이 되었다. 심지어 눈썹 위에도 먼지가 내려앉았는데, 속으로 '이런 곳에서 어떻게 일하지'하는 생각부터 들었다.

공장 철계단을 오르내리면서 방지시설, 조립기, 건조시설 등을 살폈고, 어떤 공정을 통해 제품이 생산되는지 확인하였다. 배출된 가스는 어떤 방지시설을 거쳐 외부로 배출되는지도 확인하였다. 하지만 공장에 먼지도 많고 생산시설도 매우 복잡하게 연결되어 있어서 제대로 이해하는 데 어려움이 있었다.

 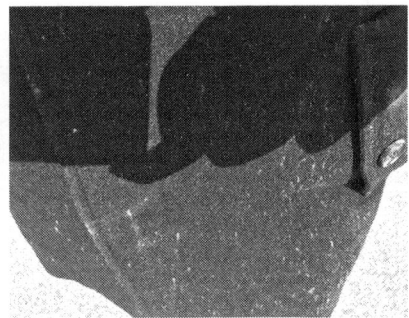

공장 점검 사진 : 공장 내부는 먼지로 가득했다. 공장 내부를 점검하고 밖으로 나왔는데 옷에 먼지가 잔뜩 묻어 있었다.

금강농산 방지시설은 기능을 제대로 하지 못하고 있었다. 원래 파란색인 냉각탑은 숯검정이 잔뜩 묻어 검은색으로 변해있었다. 한 번도 거르거나 교체하지 않았는지 폐가스를 처리한 냉각수도 먹물 같았다. 심지어 검은색 냉각수는 주변 바닥으로 흘러나와 비가 오면 씻겨나가 공장 아래 소류지로 갈 것이 뻔하였다.

"처음에는 비료공장 때문에 암이 발생한 것이 맥락이 안 맞는다고 생각했다. 암이라는 것은 화학적인 원인이 큰데 비료사업장이라는 게 생물학적이라 악취 정도 피해가 있을 거로 생각했다. 그런데 딱 공장에 갔다 오니까 느낌이 바로 왔다. 암이 충분히 발생할 수 있겠다는 판단에 자신감이 생겼다. 민간업체 망하게 하는 것 아니냐, 망하면 누가 책임질 거냐 이야기하는 분들도 있다고 이야기 들었다. 하지만 공장에 가보고 자신해도 되겠다고 생각했다. 공장은 비료를 건조하는 데 직화를 하고 있었다. 유기물을 직화를 하다 보면 불완전 연소가 되는데 불완전 연소가 되다 보면 탄소와 수소로 된 여러 가지 화합물이 엄청나게 생긴다. 이게 다환방향족탄화수소화합물(PAHs)이다. CH 고리가 여섯 개로 되다 보니까 환이 만들어져서 다환방향족탄화수소화합물이 여러 가지가 만들어졌다. 그중에 벤조a피렌이라는 물질이 현재 1급 발암물질로 알려져 있다. 충분히 발암이 만들어질 수밖에 없는 상황이 보였다. 그런 상황에다가 대기방지시설이라도 제대로 돌렸으면 좀 나을 수도 있었을 텐데 처리 수를 재순환시켜서 증발해서 빠져나간 만큼만 처리 수를 보충하다 보니까 극도로 고농축화되었다. 배출된 것이 그대로 다 밖으로 빠져나갈 수밖에 없는 상황이고 결국은 농산물, 지하수, 공기를 오염시켜 피부, 먹는 것, 공기 등 복합적인 경로를 통해 유해물질이 체내로 유입되었다고 할 수 있다. 전체적으로 암이라는 것 자체가 하나로 되기가 어렵게끔 경로가 다양하게 복합적으로 노출될 수밖에 없었다는 생각을 했다."(강공언 교수)

금강농산 사진 : 냉각탑과 세정탑이 검댕이가 묻어 검게 변했다. 폐수도 바닥으로 흐르고 있다. 파란색 패널로 된 공장이 검게 변했다. (2015년 위성 사진)

시장과 간담회

장점마을 사건이 대대적으로 언론에 보도되면서 전국적인 관심을 받게 되자, 3월 8일 익산시장이 마을을 방문하여 주민들과 간담회를 한다. 그전까지 여러 명의 시장이 있었지만 마을을 방문한 적은 없었다.

간담회에서 주민들은 사태를 장기간 방관한 행정의 문제점을 지적하였다. 최재철 주민대책위원장은 "수로로 흘러가는 물이 시커멓고, 비료공장 옆에 있는 저수지에서 물고기 떼죽음을 당했어도 그동안 익산시는 별문제가 없다고만 했다. 2001년 비료공장이 가동되었을 때부터 주민들의 싸움이 시작되었고, 냄새가 너무 심해 문을 열어 놓고 살 수가 없었다. 물고기가 떼죽음을 당하면 저수지 물을 빼고, 준설을 한 정도다. 물고기가 죽어도 업체가 죄가 없다고 하고, 연관이 없다고만 답변을 해왔다. 주민이 암 발병을 해서 민원 넣고 하면 그때뿐이다. 자꾸 증거 하는데, 암에 걸린 것이 증거가 아니면 무엇이 증거냐"라며 행정을 태도를 강하게 비판했다.

간담회 자리에 함께한 한 주민은 "그동안 익산시는 인허가 변경을 여러 차례 해 주었는데 그 과정에서 주민들과 협의한 적이 한 번도 없다. 연초박을 사용하여 비료를 만드는데, 주민들이 굴뚝 채로 담배를 피운 것이나 마찬가지다. 시청에서 지금까지 스스로 적발한 것이 없다. 연초박도 주민이 발견한 것이다. 6년 전에 공기 좋다고 해서 이사 왔는데 3년이 지나 암에 걸려 수술을 하였다. 아저씨도 암 수술을 하고 얼마 전에 집으로 돌아왔다. 앞으로 암이 재발할까 걱정이다. 시장이 내 집을 팔아 달라"라고 성토하였다.

또 다른 주민은 "환경부서에서 단속이나 검사를 하러 오면 연기가 덜 난다. 어떻게 알고 불을 끄는지 모르겠다. 집으로 들어온 공장 매연을 마시고 쓰러져 두 번이나 119에 실려 원대 응급실에 실려 갔다. 어떻게 하든 공장을 없애야 한다. 우리를 건강하게 해 달라, 제발 역학조사 좀 해 달라. 주민 20명이 암에 걸렸다. 이웃 마을까지 합하면 30명이 넘는다. 이렇게 관리·감독해서 얼마나 더 죽이려고 하냐. 시장이 각오하지 않으면 해결이 안 된다."라며 시장의 해결 의지를 촉구하였다.

주민들의 비판과 촉구에 대해 시장은 "지금까지 제대로 대처하지 못한 것에 사과를 드린다. 인과관계를 밝혀내야 피해보상이나 처벌을 할 수가 있다. 법적, 과학적 결과가 나와야 한다. 과학적 근거는 도에서 하는 역학조사 결과를 지켜봐야 한다."라고 설명하며 "주민들이 원하는 대로 따라가겠다. 근본적으로 공장 폐쇄를 목표로 해서 잡아내겠다. 그렇게 하기 위해서는 위법사항을 잡아야 한다. 위법사항을 잡기 위해서는 주민들이 협조를 해 주어야 한다. 주민들에게 월급을 줘서라도 24시간 감시체제를 만들겠다. 증거를 잡을 수 있도록 즉각 포집할 수 있는 체제를 갖추겠다. 의심되면 제보해 달라. 주민들이 제보하면 끝까지 추적하겠다. 지하수를 먹고 있는 세대는 상수도를 공급하겠다. 선거법 관련하여 선관위에 문의한 뒤 보건소에서 주민 전원에게 건강검진을 하겠다."라고 약속하였다.

간담회 이후 전북보건환경연구원은 지난달에 마을에서 채수해간 수질검사 결과를 설명하였다. 지하수를 사용한 주택 7곳을 검사한 결과 3곳에서 질산성 질소가 수질 기준을 초과하여 검출되었다고 하였다. 배수로와 호소수를 분석한 결과 생활기준 Ⅳ등급(약간 나쁨) 수준이라고 하였다. 수질검사 결과 일반 오염물질 일부 항목은 검출되었으나 발암물질은 검출되지 않았다고 하였다.

수질검사 결과를 들은 주민들은 신뢰할 수 없다고 강하게 성토했고, 주민들이 직접 시료를 채취하고 검사기관도 선정할 수 있게 해달라고 요구하였다. 어쩌면 당연한 대응이었다고 본다.

간담회를 지켜보면서 주민들의 행정에 대한 분노와 불신을 느낄 수 있었다. 마을 피해 상황이 매우 심각하다는 것을 알 수 있었다. 주민들이 오랜 기간 고통을 받아왔고 여러 차례 민원을 넣었지만, 그동안 행정은 주민들의 목소리를 귀담아듣지 않았다. 사태를 해결하기 위해서는 주민대표, 행정, 전문가, 시민단체 등이 참여하는 공적 논의 기구가 필요하다는 생각이 들었다.

익산시장 간담회 사진 : 왼쪽에서 두 번째 최재철 주민대책위원장, 세 번째 정헌율 익산시장. 주민들은 장기간 사태를 방관한 익산시 행정의 문제점을 지적했다. 역학조사 촉구, 주민 건강검진 시행 요구, 상수도 설치, 공장 폐쇄를 촉구했다. (2017. 3. 8. 장점마을 경로당에서)

시민단체, 긴급 토론회 열어

2017년 3월 15일 좋은정치시민넷은 함라 장점마을 관련 긴급 토론회를 개최하였다. 그동안 지역 환경문제 해결을 위해 활동했던 전문가들과 함께 장점마을 환경오염 피해의 원인을 알아볼 필요가 있었다. 또한, 토론회를 통해 환경부, 전라북도, 익산시가 문제 해결에 적극적으로 나설 것을 제기하고자 했다. 그날 토론자들은 앞서 금강농산을 함께 방문하여 생산공정을 자세하게 살펴봤다. 같은 날 있었던 주민대책위원회 발대식에도 참석하였다.

토론회는 필자 본인(손문선 대표)이 진행하였다. 토론자로는 강공언 교수, 김세훈 박사, 임형택 익산시의원이 참석하였다. 영상바투가 토론회 영상 촬영도 하였다. 토론은 필자가 질문하고 참석한 토론자가 답변하는 방식으로 진행되었다. 토론자별로 같은 질문도 하고, 다른 질문도 하였다.

필자는 참석자 토론자에게 '주민 암 발병의 원인, 역학조사 방법, 전북보건환경연구원 환경조사 결과에 대한 의견, 비료공장 생산공정 및 내부 환경, 익산시 관리·감독 실태, 연초박 등 비료공장 사용 원료에 대한 유해물질 배출 여부 등' 다양한 질문을 하였다.

진행자 질문에 대해 김세훈 박사는 "피마자에는 리신이 들어있는데, 질소의 주성분이다. 구체적으로 설명하면 아주까리기름을 짤 때 기름은 빠지고 리신은 남는다. 기름에 잘 녹지 않는데 피마자박에는 남는다. 이것을 가지고 유기질비료를 만들어 판매한다. 비료를 보면 펠릿 형태로 되어있는데 반려견 먹이와 비슷하다. 그러다 보니까 시골 같은 곳에서 보관을 잘못하게 되면 반려견들이 먹이인 줄 알고 먹다가 사망하는 사례가 종종 보고되고 있다. 농식품부나 관련 기관에서도 유기질비료 포장에 피마자박이 들어있을 때 주의사항에 동물들이 섭취하지 않도록 유의해달라는 항목이 들어있다. 언론에 보도된 리신 성분들이 주 영향 원이 되려면 어떤 경로를 통해 주민들에게 접촉이 되었는지 따져보고 역학조사를 통해 밝힐 필요가 있다."라고 설명하였다.

이어 김 박사는 "원료를 가지고 무언가 생산할 때 제조과정이 명확할 필요가 있다. 공정이 명확한 상태에서 계획대로 물건이 생산되어야 주변에 위해가 없어서 좋다. 원료를 가지고 성형을 해서 건조를 하다 보면 물이 필요하고, 열이 필요하다. 그런데 그 열이 370도 정도다. 370도 정도의 열풍을 통해서 건조하고 있다. 그 열원은 벙커C유를 연소한 배출가스다. 배출가스를 직접 공급해서 유기질 펠릿을 건조 시킨다. 그런데 이 과정에서 펠릿이 강도가 있어도 미분(유기물 비료 가루분)이 생긴다. 이 과정에서 미분이 370도에 노출될 경우 수분 건조뿐만 아니라 미분이 탈 가능성이 있다. 이것은 대기오염 방지시설을 거쳐서 배출해야 한다."라고 설명했다.

김 박사는 "건조공정에서 나온 가스 및 분진의 70% 정도를 폐열을 활용할 목적으로 건조공정에 공급하는데, 계속 재순환하는 것으로 확인됐다. 이러면 분진이 포함된 가스상 물질들이 시간이 지나면 지날수록 농도가 진해질 수밖에 없다. 결과적으로 생산되는 유기질비료 내에 함유되며, 회분 색깔로도 과정이 확인된다. 나머지 30%는 세정탑에서 물에 걸러져 배출되는데, 세정액의 농도가 진해진다. 현장에서 세정탑 시설을 봤는데 검댕들이 표면에 붙어있는 상태였다. 이것은 제조 후 배기가스 처리가 적절치 못한 것을 보여준다. 세정액도 오염이 진해질 수밖에 없는 시스템인데, 세정수를 버리지 않고 비료제조 시 수분 공급용으로 활용하는 무방류 방식으로 운영하면 배출물의 오염도는 더 증가한다. 이것은 운영상 경제성은 높겠지만, 환경상으로 봤을 때는 세정탑이 제 기능을 못 하면 오염물질들이 대기로 다량 배출될 수 있다. 이것이 문제가 될 수 있다."라고 공장 생산공정의 문제점을 지적하였다.

끝으로 김 박사는 "국내에 이와 유사한 유기질비료 생산 업체는 많다. 다만 인근 마을에서 일어난 이런 사고를 곰곰이 따져보면 위험 물질에 대한 의도적 노출은 아니라고 생각된다. 지금도 같은 방식의 공정을 운영하는 곳이 많다. 발 빠른 역학조사와 원인 규명을 통해 다른 지역에 유사한 사태가 발생하지 않도록 하는 것이 중요한 과제다."라고 강조하였다.

임형택 시의원은 "공장 관계자의 공정에 대한 설명이 모두 상이하다는 것이다. 대화할 때마다 공정에 관한 설명이 투명하지 못하다는 느낌을 받았다. 내부시설에 심각할 정도로 먼지나 분진이 쌓여있어서 기계들은 제대로 교체를 하고, 검사를 하고 있는지 의문스러운 생각이 들었다."라고 공장방문 느낌을 이야기하였다.

이어 "다른 무엇보다도 대기 배출시설이나 폐수 배출시설, 시스템 자체가 대단히 문제가 있는 것 같은데 이것을 '행정에서 인허가했을까, 행정이 절차를 통해 인허가했다고 한다면, 제대로 운영되는지 점검을 했을까?', 분명히 행정에 책임이 있다고 느껴졌다. 시가 점검을 적극적으로 해서 필요한 조처를 내린 것은 작년 9월부터인 것 같다. 하지만 2001년부터 공장이 운영되었지만 이런 점검이 이루어졌던 과거의 기록은 없다. 비가 내리면 빗물을 따라서 마을 주변의 저수지라든가 여러 가지 침출수로 들어갔다는 마을 주민들의 계속된 문제 제기가 있었고, 실제로 가서 점검을 해보니까 비 오는 날에도 여전히 폐기물들이 그대로 노출되어 있었다."라고 설명했다.

또한, 임 의원은 "시설이 2001년부터 운영되었는데 그 과정에 2010년까지 폐수 배출 자체가 없었다. 대기 배출시설도 그 당시 인허가 내역을 보면 굴뚝을 통해 그냥 내보내는 수준이었다. 2010년에 최초로 폐수 배출시설을 신고하면서 40톤의 폐수가 나오는데 25톤은 재사용하고, 15톤은 폐수 전문처리 업체에 위탁 처리하겠다고 하였다. 하지만 2012년에 다시 신고할 때는 실제 폐수가 25톤 밖에 안 나온다고 하면서 전부를 재사용하겠다고 신고했다. 이해가 안 되는 건 돈을 주고 처리했던 폐수를 이제는 전체공정에 다시 쓰고 있다는 것이다. 지금도 가면 폐수가 저장된 용기가 있는데, 그 폐수를 확보해서 성분을 정확히 검사해 봤으면 한다."라고 주장했다.

강공언 교수는 "이번에 다녀온 비료제조공장의 경우 그곳에서 근무하는 작업자들이 정말 괜찮을까 하는 의문을 갖게 되었다. 그분들이 얼마나 오래 근무를 해왔는지 그리고 건강진단 기록을 살펴보아야 하는 것은 아닌지 하는 문제의식을 느꼈다. 비료제조과정 중 연소장치에 의한 직화가 이루어지는데, 제조 공정상 문제가 있다."라며 "직화 과정에서 연료 중의 탄소가 불완전 연소할 경우 다환방향족탄화수소(PAHs)가 발생할 수 있으며, 이들 물질 중 벤조피렌의 경우 발암성 물질로 알려져 있다. 또한, 지금까지 어떻게 악취신고대상시설로 지정되지 않았는지, 현재의 세정시설 경우 문제점이 많다고 생각된다. 세정시설의 경우 악취 제거를 위해서는 배출가스 중 기체 상태로 있는 악취 물질이 세정액에 흡수되어야 하는데 본 시설물의 경우 세정액 자체가 재활용되면서 가스 용해도 자체가 포화를 넘어 심지어 과포화된 상태에 놓여있기 때문에 가스상 대기오염물질이나 악취 제거는 거의 불가능하다고 볼 수 있다."라고 공장 운영 상황의 심각성을 지적하였다.

이어 강 교수는 역학조사에 대해서도 "역학조사는 질병 발생에 대한 원인 규명을 목적으로 한다. 그러나 바로 원인 규명이 되지 않기 때문에 몇 가지 절차가 필요하게 된다. 여기에서 가장 중요한 문제가 질병 발생의 원인이 되는 위험요인의 단서를 찾는 일인데 이를 위해서는 피해 당사자나 마을 주민들에 대한 성별, 연령 등의 인적 특성과 식습관, 개인별 건강상태 등을 조사하게 된다. 이때 마을 주민들의 적극적인 참여가 이루어져야 할 것으로 생각된다."라고 주장하였다.

덧붙여 강 교수는 "환경부서에서는 일차적으로 물, 공기, 토양 등 환경 매체를 중심으로 한 오염 실태 파악과 함께 사업장 설치단계에서부터 지금까지 행정부서의 관리방안에 대한 자료수집이 이루어져야 한다. 환경 유해인자로 인한 건강피해 발생 시 억울하게 넘어가는 일이 없도록 역학조사를 통해 유해환경요인을 밝혀야 한다. 역학조사에 따른 위해성 평가 및 관리를 위해서는 장시간이 요구되는 데다 환경 보건문제의 특성상 다양한 전문가 그룹이 요구되는 만큼 문제 해결을 위한 지역 거점의 공식적인 협의기구 발족이 필요하다."라고 주장하였다.

토론회에 참여한 사람들의 의견은 예상보다 공장의 문제와 영향 가능성을 매우 주의 깊게 바라보면서 다양한 의견을 제시하였다. 지금 생각해보면 토론회에서 거론된 내용이 장점마을 환경피해 사건을 해결하는 길잡이가 된 것 같다. 비료공장의 비료 원료 건조과정, 폐가스 재사용, 폐수 재사용 등 생산과정의 문제점이 구체적으로 언급되었다. 건조공정에서 발생하는 발암물질인 PAHs도 거론되었다. 역학조사 과정과 방식도 구체적으로 제시되었다.

좋은정치시민넷 토론회 사진 : 좌측부터 손문선 대표, 강공언 교수, 김세훈 박사, 임형택 시의원

주민대책위 최초 기자회견

4월 4일 장점마을 주민들은 처음으로 익산시청 상황실에서 기자회견을 하였다. 기자회견에는 최재철 주민대책위원장과 김형구 이장을 포함하여 많은 주민이 참석하였다. 나이가 많은 주민들은 다리가 아파 연단에 서지 못하고 옆에 놓인 의자에 앉아 있었다.

대책위는 기자회견을 통해 "장점마을 주민 22명이 암에 걸려 12명이 사망하였고, 10명이 투병 중이다. 주민들이 집단으로 암에 걸린 원인은 마을 입구에서 300m 떨어진 곳에 있는 폐기물을 재활용하여 비료를 생산하는 금강농산 때문이다."라고 당당하게 주장하였다.

대책위는 "공장 폐수 때문에 2010년 9월 소류지에 사는 물고기가 떼죽임을 당해 익산시에 조사를 요구하였으나 별다른 시정은 없었으며 이상이 없다는 통보만 받았다."라고 하였다. 이어 "금강농산은 2009년부터 연초박과 피마자박을 사용하였다. 연초박은 담배 제조과정에서 발생하는 폐기물로 각종 유해 화학물질이 포함되어 있다. 피마자박은 청산가리보다 6,000배가 넘는 독성을 가진 리신이 들어있다."라고 설명하였다.

대책위는 "익산시 지도점검 내역을 확인한 결과 2015년까지는 배출시설 및 방지시설이 '적정운영' 되고 있다고 표기되어 있었다. 2016년 9월 이후에서야 15가지 위법행위 적발 및 행정처분을 하였다. 공장이 가동된 지 14년이 지나서야 적발을 한꺼번에 하는 것을 보면 익산시 지도점검에 의구심을 가질 수밖에 없다."라며 그동안 익산시가 보여준 모습을 비판하였다.

그러면서 대책위는 익산시에 "민관 공동 대책기구를 구성, 환경 기초조사 연구용역 실시, 5개 마을 주민 모발 검사 실시, 환경부 정밀 역학조사 실시, 비료공장 즉각 폐쇄"를 강하게 촉구하였다.

장점마을 최초 기자회견 사진 : 최재철 주민대책위원장이 기자회견문을 읽고 있다.

금강농산 조업 정지, 대기배출시설 폐쇄 명령

3월 30일 익산시는 금강농산 대기방지시설에서 신고하지 않고 불법으로 설치한 공기조절장치를 발견한다. 공기조절장치는 냉각탑과 세정탑 사이 뒤쪽에 설치되어 있는데, 그냥 봐서는 찾기 어렵다. 신고하지 않고 설치된 공기조절장치 발견은 야간 점검 과정에서 확인했다고 한다. 공기조절장치는 배출되는 가스량을 조절하기 위해 설치한 것이다. 행정에서 단속 나오면 배출구에서 악취 농도를 측정하기 때문에 걸리지 않기 위해 배출량을 임의로 조작한 것이다. 익산시는 금강농산에 대해 미신고 공기조절장치를 불법 설치한 혐의로 조업 정지 10일 처분을 하였다.

익산시는 4월 24일 금강농산에 무허가 대기배출시설 폐쇄 명령 처분을 한다. 공장에는 대기배출시설이 두 곳 있는데, 한 곳에서 특정대기유해물인 니켈이 허가기준보다 4.7배 초과 검출되었다.

금강농산 대기배출시설은 허가시설이 아니고 신고시설이다. 대기방지시설 설치를 할 때 일반대기오염물질 몇 가지만 기준치 이하로 배출하면 된다. 중금속이 포함된 특정대기유해물질이 초과 발생하면 허가를 받아 대기배출시설을 설치해야 한다.

장점마을 사건이 언론 통해 외부로 알려지게 되자 익산시와 전북보건환경연구원은 부랴부랴 현장으로 나와 수질, 대기, 토양 등을 채집하여 검사하였다. 전북보건환경연구원이 실시한 대기오염도 검사 결과 니켈이 법적 허용기준보다 초과 검출된 것이다. 이에 다급하게나마 익산시가 대기배출시설 폐쇄 명령 처분을 하면서 금강농산은 가동을 멈추게 되었다. 드디어 공장 가동이 멈추면서 주민들에게서 악취 고통이 사라졌다. 당시에는 법적으로 공장이 폐쇄되었지만 앞으로 공장이 정말 영원히 사라질까 하는 생각에는 대부분 반신반의했다. 어쨌든 굴뚝을 통해 희뿌옇게 뿜어 올라오던 연기는 없어졌다.

지금까지 익산시의 민원 대처를 보면 뭐라 말할 수 없는 갑갑함과 불편함이 든다. 주민들이 공장 운영 초기부터 수차례 민원을 넣었지만, 익산시는 악취 조사만 했다. 연초박 등 폐기물이나 대기오염물질에 대한 조사는 단 한 차례도 한 적 없다. 악취 조사 결과 법적 허용기준을 넘어도 개선 명령 등 가벼운 처분만 했다. 익산시의 집중적인 조사는 2016년 9월 장점마을 사건이 언론을 통해 다시 주목받자 이루어진 것이다.

익산시는 2016년 9월부터 공장 폐쇄 전까지 악취, 폐수, 대기, 비점오염원, 폐기물, 소음, 진동 분야를 집중적으로 단속하여 18건을 적발하고 행정처분과 고발조치를 하였다. 익산시의 행정행위는 금강농산이 그동안 온갖 불법 행위를 했음에도 관리·감독을 소홀히 했다는 것을 입증하는 것이다. 익산시가 주민들의 고통에 제대로 대응을 했다면 금강농산은 일찍 문을 닫든지 이전했어야 한다. 이렇게 한 마을에서 집단적인 건강피해는 발생하지 않았을 것이다.

지금 와서 생각해보면 공장을 폐쇄하기 전에 많은 증거를 남겼어야 했다는 아쉬움이 든다. 익산시나 전라북도보건환경연구원에서 대기오염 배출량 조사를 하고 폐쇄를 시켰으면 좋았을 것 같다. 안타깝게도 역학조사 때는 공장이 멈춰 있어서 가장 중요한 대기오염 배출량 조사를 하지 못했다.

제3장

민관협의회 구성과 역학조사 청원

장점마을 주민들은 환경부에 역학조사 청원서를 전달했다.

민관협의회 구성

장점마을 환경비상대책 민관협의회는 주민들 요구로 구성되었지만, 그 과정도 쉽지 않았다. 장점마을 주민대책위원회는 익산시장 간담회, 지역 국회의원 간담회, 기자회견 자리에서 사태 해결을 위한 민관 대책기구 구성을 여러 차례 주장하였다.

2017년 4월 28일 익산시는 주민들의 요구를 받아들여 민관협의회를 구성한다. 위원은 총 13명으로 주민 3명, 전문가 3명, 시민단체 2명, 언론인 1명, 공무원 4명으로 하였다.

주민대표 위원으로는 최재철 주민대책위원장, 김형구 이장, 김승철 신등교회 목사가 참여하였다. 전문가 위원으로는 주민들이 추천한 김세훈 전북대 환경공학과 박사와 강공언 원광보건대 의무행정과 교수, 그리고 시에서 추천한 한 명이 위촉되었다. 시민단체 위원으로는 주민들이 추천한 손문선 좋은정치시민넷 대표, 권태홍 협동사회경제연구소 대표가 위촉되었다. 언론인으로는 김진만 전북일보 기자가 위촉되었다. 당연직 위원으로는 복지환경국장, 녹색환경과장, 청소자원과장, 보건사업과장이 참여하였다.

민관협의회는 민관 공동위원장 체계로 되어있다. 복지환경국장이 당연직 위원장을, 선출직 위원장은 김승철 목사가 맡았다. 시가 추천한 전문가 위원은 첫 회의를 한 뒤 사정에 있어 자진해서 사퇴하였다. 이후에 전문성을 보강하기 위해 위원을 추가하는데, 법조계에서 홍정훈 변호사가, 의료 쪽에서 오경재 원광대 의대 교수가 위촉되었다.

주민들이 민관협의회 구성을 통해 지역사회와 함께한 것은 남원 내기마을과 낭산 폐석산 불법매립 사건의 처리 과정에서 얻은 학습효과 때문이라고 생각한다. 남원 내기마을은 15년 동안 17명의 암 환자가 발생하여 질병관리본부에서 역학조사를 하였지만, 전문가와 시민사회단체의 도움이 크지 못했다. 반면에 낭산 폐석산 불법매립 사건은 면 전체 주민을 아우르는 대책위원회 구성과 환경전문가가 참여하는 민관협의회를 구성하여 사건 해결을 위해 노력을 하였다.

환경문제는 전문적인 내용이 많아서 주민들의 힘만으로는 원인을 밝히기 어렵다. 또한, 지역사회 관심과 여론을 만들기 위해서는 시민단체와 언론의 관심과 지지가 절대적으로 필요하다. 장점마을 주민들은 선례를 통해 이러한 상황을 이미 알고 있었기 때문에 민관협의회 구성을 바로 요구할 수 있었다.

민관협의회는 장점마을 환경오염 피해사건 해결에 중심 역할을 했다. 민관협의회 위원들은 2017년부터 주민들과 함께 사태의 원인을 밝히기 위해 온 힘을 다해 노력하였다.

결과적으로 보면 장점마을은 한가지로 특정된 질환이 아니고 여러 가지로 나타난 비특이성 질환이라 정부로부터 인과관계를 인정받기 쉽지 않았다. 주민들이 포기하지 않고 정부와 자치단체를 상대로 열심히 투쟁해서 원인을 밝힐 수 있었지만, 쉽지 않은 일이기에 민관협의회 위원들은 처음이야 도움 정도의 마음으로 참여했지만, 시간이 지날수록 역할은 커질 수밖에 없었다.

민관협의회 위원들 면면을 보면 잘 구성되었다고 생각한다. 폐기물, 대기, 역학, 법률, 시민단체, 정치, 언론 등 다양한 분야에서 활동하고 있는 전문가들로 구성되었다.

민관협의회 위원인 김세훈 박사는 익산시 예비조사에서 마을의 모든 지하수와 공장 주변 시료, 공장 내 원료 등에서 발암 가능성 물질인 나프탈렌을 비롯한 다환방향족탄화수소를 검출해냈다. 조사 결과를 환경부에 넘기니까 관심을 두게 되었다.

대기와 보건 전문가인 강공언 교수는 발암물질인 다환방향족탄화수소의 검사 필요성에 대해 제시하였고, 역학조사 과정에서 사업장 집중 조사와 대기 배출량 조사 대책에 대해 강한 요구를 하였다.

필자는 주민들과 함께 현장에 있었고, 역학조사 과정에도 전부 참여를 하였다. 자료를 모으고, 글을 쓰고, 주민들과 함께 기자회견, 집회를 꾸려가는 역할을 했다.

민관협의회 위원들은 공장에 쌓여있는 먼지, 비료 잔재물 등 시료 채취에 참여하였다. 직접 먼지 구덩이에 들어가 시료를 채취하였다. 비료 공장이 식당 지하, 공장 앞마당에 폐수 찌꺼기 등을 불법 보관하거나 매립을 하였는데, 민관협의회 위원들이 굴착을 요구하여 확인할 수 있었다.

환경부의 보수적 태도를 바꾸기 위해서는 지역을 넘어 중앙 정치권의 역할이 필요했다. 당시 전라북도당위원장이면서 민간위원으로 참여해

왔던 권태홍 정의당 사무총장은 국회 환경노동위원회 위원인 이정미 의원실에서 환경부와 간담회를 주선하였고, 환경부가 한국역학회와 자문회의를 하기로 합의하는데 중요한 조정자 역할을 했다.

오경재 교수는 역학조사 주민설명회와 국회 간담회에서 현재 발표된 역학조사 결과만 가지고도 인과관계가 충분하다고 주장하였다. 국회 간담회에서 한국역학회와 논의해보자고 한 것도 오 교수 제안이었다. 한국역학회 자문회의에서 역학회는 역학조사 결과 인과관계가 충분하다고 주장을 하였다. 환경부 역학조사 결론이 바뀌는데 역학조사 분야 전문학자로서 오경재 교수의 역할이 컸다고 본다.

법률 전문가인 홍정훈 변호사는 민관협의회 회의에서 행정의 미온적 태도와 법에서 정한 권한 행사를 하지 않은 태도에 대해 끊임없이 문제 제기하였다. 감사원 감사청구서를 작성하였으며 현행 환경법의 문제점에 대해 지적하고 개정 방향도 제시하였다.

위원은 아니지만, 김강주 교수는 주민추천 전문가 위원으로 환경부와 함께 한 민관합동조사협의회에 참여를 하였다. 공장과 마을 주변 지하수 검사, 폐기물 불법매립 조사도 하였다. 임형택 시의원은 금강농산 관련 행정 인허가 서류 확보, 의회에서 발언을 통해 장점마을 사태 원인을 밝히기 위해 협의회 밖에서 꾸준히 노력하였다.

민관협의회는 구성 초기부터 비료공장 및 주변 환경에 대해 사전 예비조사를 하자고 주장했다. 환경부 역학조사가 어느 방향으로 흘러갈지 모르기 때문에 사전 조사를 통해 근거자료를 확보하자는 취지였다. 환경부에 역학조사의 방향을 제시하기 위해서는 발암물질 등 오염물질을 찾아낼 필요가 있었다. 사전 예비조사 결과 비료, 폐수, 지하수, 소류지 침적토 등에서 다환방향족탄화수소류를 검출해냈다.

전문가 위원 중 김세훈 박사와 강공언 교수는 환경부에서 주민들 청원을 검토하기 위해 구성한 전문위원회 위원으로도 참여하여 비료공장 현장 점검과 주민 의견 청취에 함께했으며, 장점마을 역학조사의 필요성을 제기하였다.

또한, 전문가 위원들은 환경부에서 구성한 민관합동조사협의회도 참여하였다. 역학조사 청원이 받아들여진 후 만들어진 민관합동조사협의회는 환경부, 국립환경과학원, 민간연구소, 환경부 추천 전문가, 주민추천 전문가, 주민대표로 구성된 조직이다. 민관합동조사협의회가 정기적으로 진행되지 않아 중간에 환경부와 다툼이 있었지만, 역학조사 과정에서 의견 반영과 투명성 확보에 많은 역할을 하였다.

민관협의회 위원들은 역학조사 진행 과정에서 일어난 여러 가지 문제에 대해 직접 참여나 의견제시, 마을 주민과의 공개 성명 등 변함없는 행동으로 보여주었다.

환경부 역학조사 중간발표 결과에 대해 문제점을 파악하여 의견도 제시하였다. 민간연구소장 교체와 역학조사 결과 불인정이라는 배수진까지 치면서 환경부와 논쟁도 하였다. 협의회의 강한 요구로 환경부가 정기적으로 간담회를 하겠다는 것과 대기 배출량 조사와 시료 채취를 국립환경과학원이 직접 하겠다고 약속했다. 이런 노력이 없었다면, 금강농산에 대한 추가 오염원 조사와 불법 폐기물 매립 조사 등이 이루어지기 힘들었을 것이다.

국립환경과학원에서 실시하는 시료 채취 작업에 민관협의회 위원들이 직접 참여했다. 공장에서 발암물질이 나왔는데도 민관협의회 위원들은 몸을 아끼지 않았다. 먼지 가득한 모든 공장시설을 누비며 시료를 채취했다. 한 곳도 놓치지 않고 시료를 채취하기 위해 노력했다. 방지시설, 건조시설 등 공장 내부 여기저기에 남아 있는 비료 잔재물과 먼지를 긁어 보아 시료 봉투에 담았다. 비료공장에 근무했던 당시 마을 이장이 가리키는 자리를 모두 시료채집을 하였다. 그 과정에서 식당 바닥, 공장 앞마당, 공장 굴뚝 앞에서 불법 매립된 폐기물도 발견할 수 있었다.

환경부가 역학조사 결과에 대해 인과관계를 인정하지 않아 국회의원 회관에서 간담회가 있었다. 간담회에 참석한 위원들은 환경부의 역학조사 결론에 대해 조목조목 따졌고, 환경부의 소극적 태도를 규탄하였다. 그 결과 한국역학회 자문회의와 국회 토론회 개최를 합의하게 된다. 이후에 있었던 한국역학회 자문회의는 역학조사 결론을 바꾸는데 결정적인 역할을 하게 된다.

우리나라 환경문제 해결 방안도 제시하였다. 역학조사 과정에서 나타난 환경법률의 문제점과 개정 방향 의견서를 작성하여 환경부에 제출하였다. 이런 과정을 통해 환경부가 역학조사 전담기구를 설치할 수 있도록 하였고, 「대기환경보전법 시행규칙」이 개정되어 발암물질인 다환방향족탄화수소가 특정대기유해물질에 포함되었다. 농진청은 「비료 공정규격설정 및 지정」고시를 개정하여 연초박을 퇴비 원료에서 삭제하였다.

그 외도 민관협의회가 제안한 사업이 많다. 주민들 건강검진, 상수도 설치, 금강농산 용지 매입 요구, 금강농산 부지 활용방안 마련 요구, 농산물 품질검사, 토지 정화용 작물 식재 등이 제안되어 시행되었다.

민관협의회 위원들은 주민들과 행동을 같이했다. 주민들이 시청, 도청, 국회에서 기자회견을 할 때도 같이 했고, KT&G 서울 사옥 앞에서 책임촉구 투쟁할 때도 함께했다. 마을 의견수렴이 필요한 사안이 발생하거나 주민 간 이견이 생겨 불화가 생길 때도 마을에 가서 회의하는 등 다양한 방법으로 주민들의 목소리를 듣기 위해 노력했다.

하지만 초기 민관협의회는 주민들이 요구한 뒤 바로 구성되지 않았다. 주민들이 추천한 전문가 위원에 대해 행정이 부정적이면서 민관협의회 구성이 늦어졌다. 민관협의회는 주민들이 요청한 지 3개월 정도 지난 5월 17일 첫 회의를 하였다.

> "민관협의회 위원구성이 늦어지면서 조사를 포함해서 모든 일정이 늦어졌다. 주민들이 추천한 전문가들이 불의에 타협이 없고, 사실에 대해 명명백백 이야기하는 사람들이라 행정에서 껄끄러워하고, 안 좋아한 것 같다."(최재철 주민대책위원장)

민관협의회 활동은 순탄치만은 않았다. 의사 결정 과정에서 익산시와 여러 차례 부딪혔다. 사전 예비조사를 하자는 요구에 대해 익산시는 '환경부 역학조사가 있는데 중복되게 조사할 필요가 있냐'고 하면서 비협조적이었다. 폐기물 불법매립 현황에 대한 사전 조사를 하자는 요구에 대해서도 매우 부정적이었다. 공장진입이 허용되지 않아 배출원 조사를 제대로 할 수 없게 되어 익산시에 행정 명령 등 강한 자세를 요구하였지만, 방법이 없다고 하면서 미적거렸다. 당시에 참여자로서 행정의 자세를 볼 때 속 터지지 않은 사람이 없을 정도였다.

"장점마을은 복이 있는 마을이다. 환경부가 환경오염과 집단 암 발병 간에 인과관계가 있다고 인정을 하였지만 돌아올 책임이 있으므로 인정하지 않으려 했다. 장점마을 문제는 합리적으로 절대 풀 수 없는 문제였다. 민관협의회 위원들이 없었다면 풀 수 없는 문제였다. 지역의 전문가들이 무보수 자원봉사로 문제를 해결하기 위해 노력했다."(권태홍 전 정의당 사무총장)

"민관협의회 활동은 2017년 5월부터 시작하였다. 활동한 지 4년이 되었다. 민관협의회 위원으로 환경 등 다양한 분야에서 전공하는 분들이 오셨다. 민관협의회 회의를 총 35번 하였는데, 공무원들의 태도를 보면서 처음에는 벽보고 이야기하는 것 같았다. 회의가 20번이 넘어가니까 희망이 보이기 시작했다.

행정하고 싸우려면 전문지식이 있어야 한다. 주민들의 노력과 시위만으로는 문제가 해결될 수 없었다. 장점마을 환경피해 사건에 대한 원인이 밝혀진 것은 환경문제에 관심이 많은 전문가가 민관협의회 위원으로 참여해 주어서 가능했다고 본다.

민관협의회 활동을 하면서 느낀 것은 각자가 가진 것을 가지고 협력하면 '엄청난 일을 할 수 있구나' 하는 생각을 하게 한 것이다. 가지고 있는 재능들이 합해지면 바꿀 수 있다."(김승철 민관협의회 위원장)

민관협의회 회의 사진 : 민관협의회는 주민지원 사항, 역학조사 평가 및 방향 등을 논의하였다. 예비조사, 폐기물 굴착 조사 시행을 결정하였고, 환경부와 국립환경과학원에서 구성한 전문가 위원으로도 참여하였다. 국립환경과학원에서 실시한 시료 채취 작업에도 직접 참여하였다. 민관협의회는 마을에서도 회의하여 주민들 의견도 들었다.

환경부에 청원서 제출

4월 17일 장점마을 주민들은 환경부에 직접 찾아가 「주민건강영향조사」 청원서를 제출하였다. 청원서는 환경부 환경정책과 사무관이 직접 나와 받았다. 청원 서명에는 최재철 주민대책위원회 위원장을 포함하여 주민 66명이 참여하였었다.

주민들은 청원서에서 "(유)금강농산이 악취를 유발하고, 폐수를 방류하여 인근 소류지 및 지하수가 오염되었다. 이로 인해 마을 주민들이 집단 암에 걸렸다고 의심하고 있다. 최근 지하수 수질검사 결과 7세대 중 3세대가 질산성 질소가 검출되었다. 대기오염도 검사 결과 특정대기유해물질인 니켈이 법적 허용기준보다 초과 검출되어 주민들이 불안과 공포 속에 하루하루를 보내고 있다."라며 "환경부에 건강 영향조사 청원을 신청하오니 검토하여 빠른 시일 내에 환경·건강조사가 이루어질 수 있도록 해달라"라고 호소하였다.

환경부 청원은 장점마을 환경피해 사건이 보도된 뒤 바로 있었던 것은 아니다. 처음에는 환경조사도 하고 전라북도에 역학조사도 의뢰했다.

익산시의 역학조사 의뢰에 전라북도 보건 당국은 익산 장점마을 사례는 환경보건법을 적용해야 하므로 질병관리본부 역학조사 대상이 아니라는 견해를 내놓았다. 환경적 요인이나 산업적 요인일 경우 질병관리본부가 아닌 환경부나 산업부에서 역학조사를 진행해야 한다고 하였다.

질병관리본부 역학조사 대상이 아니라는 전라북도 보건 당국의 판단이 내려지면서, 익산시는 전라북도와 함께 환경부를 방문하여 역학조사를 의뢰한다. 하지만, 환경부는 자치단체가 기본적인 환경조사를 진행하는 단계에서 역학조사 실시 여부를 판단하기에는 이르다고 하였다.

전라북도 보건 당국에 역학조사를 의뢰한 것은 남원 내기마을 영향이 컸다고 본다. 장점마을 환경피해 사건보다 앞서서 알려졌던 남원 내기마을 집단 암 발병 사건은 질병관리본부에서 역학조사를 했기 때문이다.

환경부 청원서 제출 사진 : (좌측 사진) 최재철 주민대책위원장이 환경부 담당 사무관에게 청원서를 전달하고 있다.

장점마을 건강영향조사 청원 수용 결정

주민들이 건강영향조사 청원서를 제출하자 환경부는 환경보건법에 의거 청원 내용을 검토하기 위해 전문위원회를 구성한다. 일반적으로 청원을 받은 후 90일 이내에 수용 여부를 결정해야 한다. 전문위원은 총 8인으로 정부위원이 2인, 민간전문위원이 6인이다. 민관협의회에서도 전문위원으로 강공언 교수와 김세훈 박사가 참여하였다.

환경부가 위촉한 민간 전문위원들은 두 팀으로 나눠 한 차례씩 금강 농산과 마을을 방문하였다. 주민건강영향조사 수용 여부 결정에 앞서 사전 조사를 위해 방문한 것이다. 전문위원들은 공장을 방문하여 공장 상황을 구석구석 살펴봤다. 금강농산 공장장에게 공장 가동 공정에 대해 질문하여 설명도 들었다. 전문위원 방문 과정에 민관협의회 위원들도 함께했다. 민관협의회 위원들은 공장 운영의 특성과 공정상 고농도로 오염물질이 배출될 수밖에 없다는 의견을 전달하였다. 전문위원들은 공장을 점검을 마친 후 마을로 내려가 주민들 이야기도 청취하였다.

환경부 전문위원 현장 방문 사진 : 환경부에서 위촉한 전문위원들이 공장 내부를 살펴보고 있다. 마을에서 주민들 이야기를 청취하고 있다.

7월 14일 환경부는 전문위원회 사전 조사 결과와 환경보건위원회 심의를 거쳐 주민건강영향조사 청원을 '수용' 결정하였다. 주민들이 청원서를 제출한 지 3개월 만에 이루어진 반가운 소식이었다. 정부가 웬만한 근거가 없으면 역학조사를 받아주기 어려울 거라고 모두 반신반의하고 있었던 때라 더없이 기뻤다.

8월 10일 익산에서 환경부가 주관하는 첫 회의가 열렸다. 환경부가 역학조사를 하기로 한 후 처음 열리는 회의였다. 환경부에서는 환경보건관리과장과 담당 사무관이, 국립환경과학원에서는 팀장이 참석했고, 지역에서는 민관협의회 위원들과 주민대책위원장 등을 포함하여 주민대표가 들어갔다.

국립환경과학원은 장점마을 조사 추진 경과와 앞으로 조사 계획을 발표했다. 국립환경과학원은 청원 수용 근거를 설명하면서 장점마을 주변환경, 환경오염 수준, 주민건강 상태 등의 사전 조사 결과 '공장의 환경오염물질 배출과 마을에 대한 영향 평가 및 피부암을 포함하여 상대적으로 발생률과 호소율이 높은 피부질환의 원인을 규명하기 위한 조사가 필요하다.'라는 결론을 내렸다고 하였다.

환경부 과장은 역학조사 설계와 진행을 위해 주민추천 전문가가 포함된 민관합동조사협의회를 구성하자는 다른 지역에서 볼 수 없었던 제안을 했다. 민관합동조사협의회를 통해 조사과정을 공유하자고 했다. 환경부 제안에 대해 민관협의회 위원들과 주민들은 동의했다. 환경부, 국립환경과학원, 익산시, 주민대표, 주민추천 전문가, 환경부 추천 전문가로 민관합동조사협의회를 구성하기로 했다.

환경부 주관 첫 회의가 있고 나서 한 달 뒤 본격적으로 장점마을 주민건강영향조사 민관합동조사협의회 첫 회의가 열렸다. 익산역에서 진행한 회의에서는 환경부(담당 사무관), 국립환경과학원(과장, 팀장, 전문위원),

환경부에서 추천한 전문가 2인, 주민들이 추천한 전문가 4인(강공언 교수, 김강주 교수, 김세훈 박사, 오경재 교수), 주민대책위원회(최재철 위원장), 익산시(녹색환경과장)가 참석했다.

이날 회의에서 환경부는 '주민건강영향조사 추진 방안, 분야별 조사 계획'을 설명하였고, 국립환경과학원은 '주민 청원 관련 전문위원회 검토보고서'를 발표하였다.

환경부와 국립환경과학원이 작성한 장점마을 주민건강영향조사 청원에 대한 전문위원회 검토보고서를 요약하면 다음과 같다.

"청원지역은 비료공장((유)금강농산) 외 유해물질을 배출하는 다른 오염원이 없는 것으로 판단되는 전형적인 농촌 지역이다. 해당 공장으로부터 약 500m이내 위치하고 있어 공장에서 배출된 악취 등 대기 중 오염 배출이 마을의 생활환경에 영향을 미쳤을 것으로 의심된다.

공장에서의 악취와 다환방향족탄화수소화합물(PAHs) 배출과 마을의 지하수 오염이 확인되어 관련성 파악과 원인 규명을 위한 조사가 필요하다. 공장은 악취의 기준초과, 공정의 특성으로 볼 때 대기와 수질로 PAHs 등 유해물질의 배출 가능성이 있고, 실제 방지시설 처리수와 비점 배출수 집수조에서 Pyrene 등 PAHs 물질이 검출되었다. 공장 인근의 소류지에서 Naphthalene 등 일부 PAHs 물질이 검출되었고, 총유기탄소(TOC) 및 총질소 성분 등이 환경기준을 초과하였다. 마을 지하수는 질산성 질소가 다수 지점에서 먹는 물 기준을 초과하였고, Chrysene 등 일부 다환방향족화합물(PAHs)이 검출되었다. 공장의 오염 배출과 주변 영향에 대한 정확한 평가, 확인된 오염문제의 원인 규명을 위한 추가적인 조사가 필요할 것으로 판단된다. 대기모델링, 다른 유사한 업체에서의 환경오염측정, 소류지 퇴적물 오염, 피마자 유박과 연초박(담배제조부산물)에 대한 조사 등이 필요하다.

여성의 피부암 발생이 전국과 전북에 비하여 유의하게 높아 정확한 발생수준 파악 및 원인 규명 필요가 있다. 조사대상 지역의 인구 규모가 작고, 암종(피부암) 의 특성상 제기된 환경오염 문제와 관련지어 설명하기에는 한계가 있다. 일부 미등록 피부암 환자가 있어 정확한 규모 파악과 원인 규명이 요구된다. 주민들이 주장하는 치매 발생, 근로자의 암 발생 등은 자료 부족으로 검토와 확인이 이루어지지 못하였다.

공장 가동 시기 악취의 기준초과, 공장 폐수에서의 일부 발암물질 검출 등으로 대기를 통한 공장 배출 오염물질의 영향이 있었을 것으로 의심된다. 여성의 피부암 발생수준이 높고 현재 주민의 피부질환 호소율이 높아 비료공장의 관련성을 포함하여 발생 원인 등의 규명이 요구된다.

공장의 환경오염물질 배출과 마을에 대한 영향 평가 및 피부암을 포함하여 상대적으로 발생률과 호소율이 높은 피부질환의 원인을 규명하기 위한 조사가 필요하다." – 《환경부 익산 장점마을 주민건강영향조사 청원에 대한 전문위원회 검토보고서》 중

환경부 계획과 국립환경과학원 검토보고서를 듣고 난 후 참석한 위원들은 "소규모 지역에서의 집단 암 발생은 과학적 인과관계 규명이 어려우므로 논리적 인과성이 규명될 수 있도록 설계와 조사가 이루어져야 한다. 전반적인 실태조사 이후에 정밀조사가 이루어져야 하며, 이를 고

민관합동조사협의회 회의 사진 : 익산역 회의실에서 민관합동조사협의회 첫 회의를 하고 있다.

려하여 소요 예산이 산정되어야 한다. 익산시에서 시행한 모발 검사 결과에 대한 전문적인 설명을 건강검진을 한 기관에서 주민에게 해 주어야 한다. 공장 내부의 폐수 및 폐기물 불법매립 여부에 대한 조사가 정상적으로 진행될 수 있도록 익산시와 환경부가 노력해야 한다. 지하수를 이용한 작물 재배 가능 여부를 환경부에서 판단해 주길 바란다."라고 첫날부터 다양한 의견을 제시하였다.

민관협의회 위원 인터뷰

Q. 민관협의회 위원으로 어떻게 참여하게 되었는가?

강공언(원광보건대 의무행정과 교수)
"유기질 비료 공장이라는 사업장의 특성으로 인해 자주 악취 민원이 발생하고 있어 몇 차례 사업장을 방문한 적이 있었으나 지역 주민들로부터 발암 문제가 제기되면서 무엇인가 내부적으로 심각한 문제가 있다는 생각에 관심을 갖게 되었다."

김세훈(전북대 환경공학과 박사)
"암 관련한 지역 내 문제는 이미 남원 내기마을 조사와 관련해서 주변 환경단체나 언론에서 주목받은 문제여서 관심을 가지고 있었다. 그러던 중 익산시 지속가능발전협의회에 관련하여 김재덕 국장과 실무논의 중에 장점마을 사태를 알게 되었고, 2017년 3월 초쯤에 김재덕 국장과 권태홍 총장과 함께 방문하게 되었다. 며칠 후 익산 시민단체 활동가와 강공언 교수, 임형택 의원과 공장을 방문하게 되었다."

오경재(원광대 의대 교수)
"역학조사 수행을 결정한 이후 조사 전반에 대한 자문과 감시, 적절한 결과 해석을 통한 인과관계 파악을 위한 전문가 자격으로 참여했다."

권태홍(정의당 전 사무총장)
"2016년 언론에서 장점마을 집단 암 발병 사태를 접하고 장점마을에 찾아가게 되었고, 최재철 대책위원장을 비롯한 마을 주민들을 만나 함께 활동하다가 주민들의 추천으로 민관협의회 위원으로 참여하게 되었다.
승인, 관리, 책임 주체인 익산시가 어떤 역할을 하는가가 사태 해결에 매우 중요한 요소 중 하나이고 그런 의미에서 민관협의회가 지렛대의 역할을 할 수 있다고 판단해서 참여했다."

김승철(함라 신등교회 목사)

"2010년 12월 21일 신등교회에 부임하고 나서 새벽마다 이상한 냄새 때문에 참 많이 고역을 치렀다. 그리고 2013년 예수병원에서 신등교회 성도들을 무료로 건강검진을 하면서 자녀들도 모두 갑상선 검사를 했는데 모두가 다 깨알 같은 그리고 아내는 4센티와 7센티 정도의 결절이 발견되어 병원에서 검진하였다. 다행히 암은 아녀서 계속 약물로 치료하였고, 교회 물이 상수도가 아니어서 2013년 정수기를 사비로 설치하고 3개월 지나 직원이 점검차 왔다가 3개월 만에 정수기 필터 6개가 다 시커멓게 되어있어서…….

이 물은 정수기를 사용하여도 음용하기에 부적절하다 하여 그해 바로 상수도를 신청하였다. 교회로 이사 온 후 아이들이 피부가 샤워하고 나면 몸에 피부발진이 생겨서 피부과에 다니기도 하였다. 이게 설마 금강농산의 피해일지 의심은 들었지만, 실증이 없었고…. 주민들은 이미 포기상태에 있었습니다. 그러다 2017년 2월 주민들이 찾아와 도움 요청을 하게 되어 함께 이 문제를 해결하기 위해 열심히 하다 보니 민관위원이 되었다."

홍정훈(변호사)

"처음 권태홍 위원님으로부터 연락을 받았다. 우리 지역에 환경오염으로 집단 암이 발생하는 일이 발생하였는데 법적 조언을 얻고 싶으니 민관협의회 위원으로 참여해 달라는 요청이었다. 처음에는 변호사로서 법적인 부분에서 조언 등을 하는 정도로 생각했었다. 그런데 처음 위원회에 참석해서 보니 익산시가 책임에서 벗어나려 급급하고 책임 있는 자세를 보이지 않았다. 이에 이 지역의 아픔이 이렇게 취급되는 것에 대하여 분노했고 어떤 역할을 해야겠다는 생각을 하게 되어 좀 더 적극적으로 참여하게 되었다."

제 4 장

환경부의 인과관계 불인정

환경부는 역학조사 결과를 발표하면서 인과관계는 인정하지 않았다.

비료공장 진입하지 못하고 시간만 허비

2018년 1월부터 환경부 역학조사가 시작되었다. 하지만 공장이 멈춘 지 한참 지나 실시하는 역학조사임에도 3월 넘게 공장 조사를 하지 못했다. 비료공장이 부도가 나면서 경매에 넘어갔고, 출입이 통제되었다. 오염물질을 배출한 공장 조사를 못 하고 있으니 답답할 일이었다. 환경조사라는 것이 시간과 다툼인데 조사기관이 공장에 들어가지 못하고 있으니까 걱정이 컸고, 말도 안 되는 소리라고 주변에서 언성이 높았다.

이에 민관협의회는 익산시에 행정권을 발동하라고 요구하였다. 하지만 익산시는 법적으로 어렵다는 태도였다. 홍정훈 변호사가 법적으로 가능하다고 이야기해도 움직이지 않았다.

이런 과정을 거치면서 역학조사 관련 법이 매우 허술함을 느꼈다. '사업장이 환경오염을 일으키고 폐업하거나 조사를 거부하면 대책이 없구나'하는 생각이 들었다. 환경부가 이후에 민관협의회 의견대로 법을 개정하였지만, 당시에는 매우 허술했다.

이런 상황에서 역학조사를 맡은 민간연구소의 공장진입이 늦어지고 말았다. 이렇게 하다가는 제대로 된 조사가 불가능하겠다는 생각이 머릿속에서 떠나지 않았다. 결국, 금강농산 내부조사는 파산관재인 협조를 얻어 공장 가동이 멈춘 지 1년이 지나서야 이루어졌다.

"역학조사를 실시하기로 결정이 나서 용역 연구진으로 참여한 교수들이 역학조사를 하기 위해서는 공장에 들어가야 하는데, 공장을 못 들어오게 막았다. 그래서 어쩔 수 없이 산속을 통해 들어가서 조사도 하고 그랬다. 역학조사를 생각하면 정말 억울하다. 변호사가 들어가도 괜찮다고 했고, 문제가 되면 알아서 해결하겠다고 했는데, 시에서는 어쩔 수 없다고만 했어요. 역학조사만 생각하면 정말 억울하다. 역학조사를 방해 없이 제대로만 했더라도 오염결과는 환경부 보고서보다 훨씬 높게 나왔을 것이다."
(최재철 주민대책위원장)

역학조사 중간 결과 부정, 연구기관 교체 요구

조사 시작 후 반년이 지난 7월 18일 민관연구소는 역학조사 중간보고회를 하였다. 민간연구기관은 대기, 토양, 지하수, 지표수 노출 평가를 위해 PAHs,[1] TSNAs, 중금속 검사를 하였다고 발표하였다. 장점마을과 농촌특성이 유사하지만, 공장이 없는 대조지역과 비교 조사도 진행하였다고 했다.

민간연구소는 대기 노출평가를 위해 공장 주변 1·2년생 소나무 잎과 마을 주택 옥상, 베란다, 비료 잔재물 및 원료 등에서 침적먼지를 조사하였으며, 토양 노출평가를 위해 금강농산과 마을 주변, 대조지역에서 토양 시료를 채취하여 검사하였다고 하였다. 지하수 노출평가를 위해 금강농산 지하수, 마을 가정용 및 농업용 지하수, 소류지, 하천 지표수 검사 등을 하였다고 발표했다.

---

[1] PAHs(다환방향족탄화수소류)는 둘 이상의 벤젠고리를 가지고 있는 방향족 탄화수소로, 석탄, 오일과 가스, 쓰레기 또는 기타 유기 물질(담배 또는 숯불로 구운 고기)의 불완전 연소로 인해 형성된다. PAHs는 암 또는 돌연변이를 유발하는 등 독성이 강한 물질로 알려져 있다. 세계보건기구(WHO) 산하 국제암연구소(IARC)가 지정한 1급 발암물질인 벤젠 등 각종 발암물질과 신경 독성물질 등 인체에 특히 해로운 유해물질을 통칭하는 용어다. 여기에는 아세나프렌, 벤조피렌, 나프탈렌, 안트라센, 크리센 등이 포함된다. (출처: 네이버 지식백과)

민간연구소 발표 자료를 보면 오염물질 검사 결과 비료공장 주변 1·2년생 소나무 잎 모두에서 PAHs가 검출되었다. 특히 PAHs 농도는 공장 가동 시기에 줄기에서 나온 소나무 잎에서 더 높게 나왔다. 비료공장보다 낮은 수준이지만 대조지역 소나무 잎에서도 PAHs가 검출되었다. 여기에 마을 주택 침적먼지와 금강농산 내 비료 잔재물 및 원료에서 PAHs와 TSNAs가 검출되었는데 대조지역에서는 TSNAs가 검출되지 않았다. 침적먼지에 들어있는 중금속을 조사해 보니 장점마을과 대조지역 모두에서 검출되었다. 토양 검사 결과 소류지 저질토, 금강농산과 그 주변, 장점마을에서 벤조피렌 등 PAHs가 검출되었다. 주민들이 사용한 식수와 생활 및 농업용수를 조사한 결과 마을 주변 지표수, 금강농산 주변 관정, 마을 주변 농업용 지하수, 마을 가정용 지하수, 소류지에서 PAH가 검출되었다.

조사 결과 PAHs와 TSNAs가 여러 지점에서 검출된 것은 천만다행이었으나 민간연구소의 역학조사 중간발표를 듣고 주민대책위와 민관협의회는 실망하였다. 오염물질 검사 결과가 익산시에서 시행한 예비조사 결과나 과학원 사전 조사 결과보다 매우 낮게 나왔기 때문이다. 대기 노출평가를 위해 실시한 소나무 잎 검사에 대해서도 공인된 검사인지 의심하지 않을 수 없었다. 또한, 주민들의 건강피해 원인을 밝히기 위해서는 오염물질 배출원으로 의심되고 있는 금강농산을 집중적으로 조사해야 하는데, 몇 개 시료만 검사하고 말았다. 소나무 잎 PAHs 검사나 토양 중금속 검사 결과도 대조지역과 별 차이가 없어 검사의 실효성을 의심하지 않을 수 없었다. 건강조사도 오염원과 암 발생과의 인과관계를 밝히는 방향에서 조사가 되어야 하는데 설계가 매우 비과학적이었다. 어쩌면 청원이 수용되었고 사전 예비조사도 수행된 후 들어간 공식적인 역학조사였기 때문에 주민과 민관위원들은 처음부터 너무 많은 기대를 한 지 모른다.

중간발표 이후 민관협의회는 조사가 지금처럼 진행된다면 결과가 불을 보듯 뻔하다고 생각했다. 민관협의회는 긴급하게 회의를 열어 중간보고를 평가하였다. 평가한 내용은 의견서로 작성하여 환경부에 전달하였다.

아래 내용은 민관협의회가 환경부에 전달한 의견서를 요약한 것이다.

익산시 장점마을 환경비상대책 민관협의회(이하 민관협의회)에서는 2018년 7월 18일(수) 익산시청에서 이루어진 「전북 익산시 함라면(장점마을) 환경오염 및 주민건강 실태조사」(이하 실태조사)의 중간보고 내용을 검토하였으며, 그 결과 지역 주민들의 건강 문제와 오염원과의 인과관계 규명을 위한 조사에 있어서 상당한 문제점이 있음을 인식하고 주요 쟁점 사안 및 과제 관리방안을 중심으로 다음과 같은 의견을 제기하오니 이를 검토하신 후 2018년 8월 13일(월)까지 회신하여 주시길 바란다.

1. 인과관계 규명을 위한 환경 매체 분석자료의 신뢰성 및 타당성이 적절한 수준으로 확보되었는가 하는 문제
  (1) 대기 노출 분석
   - 역학조사 관점에서 1, 2년생 솔잎을 활용한 평가 방법의 적정성 문제
   - 조사지역과 대조지역 자료의 신뢰성 및 타당성 문제
   - 조사지역 지점에 따른 측정결과의 일반화 문제
   - 역학조사 관점에서 침적먼지를 활용한 평가 방법의 적정성 문제
     침적먼지의 경우 주로 논이나 밭 등 농작 지역의 토양에 기인할 수 있는 데다 옥상에서 채취한 퇴적물 시료는 주변에 의한 영향을 강하게 받을 수 있어 오염원과의 인과관계 규명을 위한 자료 해석에 많은 제한이 수반될 수 있음.

대조지역 분석 결과의 경우 시료 수가 충분하지 않아 대표성 측면에서도 문제가 있으며 자료의 분산도가 높아 비교자료로서 자료의 일반화가 어려움

(2) 토양 및 지하수 분석
- 대조지역 시료 수가 충분하지 않아 자료의 대표성 확보 및 조사지역과의 비교평가가 어려운 점
- 토양 시료의 적정성 문제(특히 경작지 시료의 경우 밭갈이 시 표층과 심층의 혼합으로 인해 토양 조사대상 시료로서 적합성이 낮은 만큼 시료 채취와 자료 해석 시 토양 특성이 적절하게 반영되어야 하나 이 점이 고려되지 않음)
- 저수지 내 저질토의 경우 시료 수가 예비조사의 1/2 수준에 그친 데다 조사 지점의 경우에도 저수지 주변의 침식토양의 유입 영향을 상대적으로 강하게 받을 수 있는 지점으로 국한되어 이루어진 점

(3) 공통사항
- 조사 시점에 대한 구체적인 일시 및 기상개황이 다루어지지 않은 점
- 조사지역 자료를 해석하고 그 결과의 일반화를 위한 대조지역 자료 수가 충분하지 않은 점
- 분석기관이 다양한데 인증기관 여부 및 분석 결과에 대한 공인성적서 발급 문제
- 분석기관 간 교차분석(Cross Check)과 회수율 평가 등 자료의 정도 관리(QA/QC) 방안이 제시되지 않은 문제

2. 인과관계 규명을 위한 원인(오염원)에 대한 조사가 적절한 수준으로 이루어졌는가 하는 문제
- 본 실태조사의 경우 환경 매체 중심으로 분석이 이루어진바, 이들 자료의 경우 다음과 같은 사유로 지역 주민들의 건강 문제와 오염원 사이의 인과관계를 설명하는데 여러 가지 제약이 수반될 수 있는 만큼 오염원인 사업장 중심의 조사가 필요한데 현재까지 이에 대한 조사가 미흡한 점
오염원으로 지목되고 있는 사업장(금강농산)이 2017년 4월 가동중단 이후 1년 이상 경과된 점

사업장의 특성상 주요 환경 유해물질로 조사된 PAHs 발생원의 보편적 특성 2017년 익산시에서 수행한 예비조사 결과와 비교해 본 실태조사의 경우 큰 폭으로 저평가 된 점(총 PAHs 평균기준 예비조사와 비교해 약 2,050배 낮게 검출)
- 사업장 오염 발생원의 주요 유해물질에 대한 정성 및 정량적인 배출특성 평가가 이루어지지 않은 점
- 폐타이어 등의 소각방식에 따른 대기유해물질의 정성 및 정량적인 배출특성 평가가 이루어 지지 않은 점
- 유기질 비료생산을 위한 다양한 원료 사용에 따른 대기 등 유해물질의 정성 및 정량적인 배출특성 평가가 이루어지지 않은 점

3. 주민건강 실태조사가 적절한 수준으로 이루어지고 있는가 하는 문제
- 연구기획 및 연구수행의 전 과정에서 인과관계 규명 및 가설검증 방법 등이 적절하게 제시되지 못한 점
- 연구수행의 목표나 목적의 적절성 문제, 조사 도구 및 건강검진 항목의 타당성 확보가 미흡한 점
- 현시점에서 오염원 확인, 유해오염물질 배출 및 노출 확인, 노출 집단 질환 발생 및 사망 등 일련의 내용은 밝혀졌으나, 유해물질의 노출 수준에 따른 영향 정도에 대한 기여수준 파악이 이루어지지 않은 점

4. 본 실태조사에 대한 과제관리가 적절하게 이루어지고 있는가 하는 문제
- 기존의 환경부 주관 회의에서 본 실태조사의 내용과 진행 상황에 대한 연구진의 주기적인 보고 및 논의가 이루어질 수 있도록 민관합동조사협의회 구성을 합의한바, 향후 과제 종료시까지 이를 매월 정례화하여 개최하여 주실 것
- 본 실태조사에 대한 최종보고회의 경우 조사내용 및 결과에 대한 일정 수준의 질적 수준을 담보할 수 있도록 정량적인 평가방식을 도입하여 주실 것(일정 기준 이하로 득점이 이루어지는 경우 과제 결과 미수용 등 불이익 명시)

민관협의회가 역학조사 중간보고 내용에 대한 평가의견서를 제출하자 환경부와 국립환경과학원은 같은 해 8월 23일 익산시청에서 민관합동조사협의회 간담회를 열었다. 이날 간담회에는 환경부, 국립환경과학원, 민간연구소, 역학조사 연구진, 민관협의회 위원, 장점마을 주민이 참석하였다. 민관협의회 위원들은 간담회에서 조사의 부실함에 대해 성토를 하였다.

사실 지금 생각해보면, 장점마을의 환경문제 및 발암 피해 상황에 집중하다 보니 불가피하게 역학조사 연구진에게 너무나 구체적으로 지적하여 엄청난 심적 부담을 주었다고 본다. 당시 민관협의회가 바랐던 것은 현장조사 결과나 설계에 대한 문제제시뿐 아니라 아직 공장권리자의 반대와 행정의 비협조로 미조사된 공장 내부의 제대로 된 조사였다. 만약 조사가 대충 진행되어 결과를 낸다면 용역연구팀만 아니라 민관협의회 위원들에게도 책임이 따를 수밖에 없다는 생각이 우리를 힘들게 했다. 이런 일이 생기지 않게 하기 위해서는 환경부 민관합동조사협의회 기능을 적극적으로 활용해야 했다. 비록 역학조사 연구진은 아니었지만, 공장 상황을 더 잘 이해하고 있었기에 뭔가 협조를 해야 한다는 고민이 컸던 게 사실이다.

강 공언 교수는 "소나무 잎 조사에 있어 대조지역으로 1개 지점을 조사한 것은 부실한 조사이다. 침적먼지 조사를 위한 창틀 먼지 샘플링 등에서 배제의 원칙을 지키지 않았다. 폐수 저류조 다환방향족탄화수소 분석 통계가 1년 전보다 2,000배 적게 낮게 나와 시간이 지나면서 의미부여가 저하되고 있다. 익산시 예비조사보다 역학조사 결과가 더 불리한 수준이다. 유사공정 분석에 대한 정확한 계획이 있는지 의문이다. 사업장 내부에 검사도 할 곳이 많은데 시행되지 않고 있다. 장점마을 환경 오염 피해의 가장 큰 원인은 굴뚝이라고 본다. 모델링을 위한 입력 자료는 어떻게 만들 것인지, 유사공정에 대한 모델링을 할 것인지? 등 적극적인 인과관계 검증을 위한 대안이 필요하다."라고 주장하였다.

김세훈 박사는 "저질토 분석 결과 예비조사와 오염농도 결괏값이 1,000배 이상 차이가 나는데 이것은 샘플링의 문제이거나 분석절차의 문제일 수 있다. 기존 조사 데이터와 상호연관성이 떨어지면 어떻게 할 것인지 의문이다."라고 지적하였다.

필자는 "금강농산 폐수 집수조 조사를 하지 않았다. 금강농산이 직화방식으로 건조를 하였고, 발생한 건조 가스를 세정탑을 거쳐서 배출구로 배출하였는데, 이 과정에서의 샘플 조사가 없다."라고 지적하였다.

최재철 주민대책위원장은 "제대로 된 조사를 해야 한다. 어물쩍하게 조사해서 고통을 다시 주는 상황이면 안 된다. 공장을 다시 가동해서 조사해 보는 방법을 왜 적극적으로 하지 않는지 의문이다. 공장 내 조사는 왜 하지 않는지 이해할 수 없다."라며 주민들과 주민추천 전문가들과의 협의할 것을 촉구하였다.

환경부와 간담회 이후 주민대책위와 민관협의회는 "민간연구기관에서 시행하고 있는 역학조사는 부실한 수준이다. 신뢰할 수 없으므로 용역을 중단하고, 연구기관도 교체하라"라고 환경부에 다시 의견서를 제출하였다.

대책위와 협의회는 의견서에서 "환경부에서 수행하고 있는 '장점마을 환경오염 및 주민건강 실태조사' 역학조사 관련 중간보고회 결과를 보고 용역조사를 더는 신뢰할 수 없기에 현재 진행하고 있는 실태조사 용역의 일시 중단과 조사기관의 교체를 촉구한다. 주민들의 청원으로 실시되고 있는 정부 역학조사가 부실하기 짝이 없으며 그 결과 대해서도 신뢰할 수 없다."라고 주장하였다.

이어 "환경실태 조사에 있어 국립환경과학원에서 조사한 사전 조사 결과와 비교하였을 때, 검사 결과가 현저히 낮게 검출되었고, 익산시에서 실시한 예비조사 결과와 비교를 해봐도 검사 결과 및 시료 수에 있어 차이가 발생하였다. 대기오염 조사를 위해 실시한 소나무 잎 시료, 침적 먼지, 토양 등의 검사 결과도 대조지역과 비교하여 유의미한 결과를 도출하지 못했다. 더욱이 오염배출원인 비료공장에 대해 다각적인 시료 조사를 요구하였는데 전혀 반영되지 못하고 있다."라고 지적했다.

덧붙여 "환경부 중간용역보고회 이후 익산시 민관협의회와 주민대책위가 주요 쟁점 사항 및 관리방안에 대한 문제에 대해 의견서를 제출한 바 있다. 이와 관련하여 지난 8월 23일 환경부, 국립환경과학원, 용역기관과 익산시 민관협의회, 마을 대표들과 간담회를 진행하였으나 정부와 용역기관으로부터 신뢰할 수 있는 의견을 들을 수 없었다."라고 용역 일시 중단과 조사기관 교체 요구 배경을 설명했다.

이러한 거친 지적이 있었지만, 대책위와 협의회 의견에 대해 환경부와 국립환경과학원은 연구기관 교체는 불가하다고 했다. 대신에 환경부와 국립환경과학원은 민간연구기관의 부실조사를 인정하면서, 직접 시

환경부 주관 간담회 사진 : 주민대책위와 민관협의회가 환경부에 역학조사 용역 중단 및 용역 기관 교체 요구를 하자, 환경부는 간담회를 개최하였다. 환경부와 국립환경과학원은 용역기관 교체는 불가하다는 뜻을 밝혔으며, 국립환경과학원이 직접 시료 채취 작업을 하겠다고 약속했다. (2018. 9. 19. 익산시청 상황실)

료 채취 작업을 하겠다고 재차 약속하였다. 다행히도 국립환경과학원이 직접조사에 뛰어들면서 비료공장에 대한 세밀한 시료 채취가 이루어질 수 있었다.

국립환경과학원 시료 채취 작업은 10월 26일부터 3일 동안 진행되었다. 날씨가 추웠지만, 시료 채취 과정에 민관협의회, 주민대책위, 익산시, 민간연구소가 함께하였다. 국립환경과학원은 민관협의회와 주민대책위원회가 요구한 모든 곳에서 시료를 채취하였다.

민관협의회 위원으로 시료 채취 작업에 참여한 김세훈 박사와 필자는 크레인을 타고 올라 공장 벽면에 있는 침적먼지 시료를 채취하였다. 집진 시설 등 구석구석을 다니며 공장 설비에 남아 있는 잔재물을 긁어모았다. 건조공정인 로타리 킬른 안으로도 들어가 남아 있는 비료 잔재물을 긁어모아 채집 봉투에 담았다. 김승철 민관협의회 위원장, 김인수 이장도 과학원, 연구소 직원들과 함께 비료 등 시료를 채집하였다. 최재철 주민대책위원장과 주민들은 불법 폐기물 매립 확인을 위해 식당 바닥을 천공하는데 건물 때문에 어려움을 겪자 건물 옥상에 올라가 철거작업을 하였다. 주민들의 증언과 참여가 없었다면 식당 아래 폐수처리장, 공장

국립환경과학원 시료 채취 사진 : 국립환경과학원과 민관협의회, 주민들이 함께 공장 시료 채취 작업을 하고 있다.

앞마당 폐기물 매립을 발견할 수 없었을 것이다.

과학원이 직접 나서면서 공장 내 침적먼지, 건조로 안에 있는 비료 잔재물, 방지시설에 남아 있는 비료 잔재물, 탱크에 남아 있는 폐수 등, 광범위하게 시료 채취 작업이 이루어질 수 있었다.

몸이 왜 가렵지!

공장 안을 돌아다니다 보면 먼지를 뒤집어쓰기 일쑤다. 머리부터 신발까지 먼지로 뿌옇다. 마스크를 쓰기도 했지만 '조심하면 되지'하는 생

각에 안 쓰고 돌아다닌 적도 많다. 그래도 먼지에 발암물질이 들어있다고 생각하니까 신경이 쓰였다. 집에 있는 가족에게 영향을 줄 수도 있다는 생각을 하면 걱정도 되었다. 공장 시료 채취 작업이 끝나면 옷을 벗어 털기도 하고, 공장 마당 한구석에 있는 지하수 물을 틀어 놓고 열심히 닦아 내기도 하였다. 하지만 전에 없던 가려움증이 생겼다. 집에 오면 몸이 이상하게도 가려웠다. 시료 채취 작업에 함께했던 분들에게 물어보니까 비슷한 증세를 겪고 있다고 했다.

이후에 발표된 역학조사 보고서를 보고 나서 왜 몸이 가려웠는지 알게 되었다. 역학조사 보고서는 "장점마을 주민들 주요 호소 증상이었던 피부질환이 발생 원인은 피부 자극제 역학을 하는 저분자 계열의 PAHs에 노출되어 영향을 받았던 것으로 추정된다. 금강농산 사업장 건조기 내에서 발견된 비료 원료가 저분자 계열의 PAHs로 이러한 현상을 추정해 볼 수 있다. 또한, 건강검진 결과에서 장점마을 주민이 대조지역 주민보다 알레르기 관련 IgE(면역글로불린) 수치가 통계적으로 유의하게 높게 나온 결과를 통해서도 확인하였다."라고 하였다.

"저만 느꼈는지 모르겠지만 공장에 다녀왔을 때 팔에서 뭐가 올라왔다. 팔에 뭐가 올라와서 너무 힘들어했는데, 이야기하지 않았다. 어쩌다 한 번씩 갔었고, 옷도 다 입고 있었는데 피부가려움증이 생겼다. 몸에 이상이 생기니까 가기가 두려웠다."(강공언 교수)

대기배출량 조사를 어떻게 할 것인가?

청원이 수용된 이후 민관위원들 사이에서는 크게 두 가지 고민거리가 있었다. 하나는 공장이 멈추고 있는 상황에서 사업주가 회사를 매각할 경우 제대로 된 조사가 가능할까였다. 또 하나는 공장에 훼손되지 않고 재가동되어야 오염량을 알 수 있는데 주민들이 재가동을 받아들일 수 있을까였다. 당시 굴뚝에서 다시 연기가 올라오는 공장 가동은 금강농산이 다시 사업을 할 수 있다는 의미로 받아들일 수 있어 쉽게 허락해줄까였다. 그만큼 주민들은 공장이 재가동 되는 것을 두려워했다. 그러나 실제 닥친 문제는 공장 가동이 멈춰 있었기 때문에 대기오염물질 배출 조사를 할 수가 없었다는 것이다. 어쩌면 너무 순진한 고민이었는지 모른다. 민관협의회 위원들은 공장 가동 시기부터 대기오염물질이 저감되지 않고 고농도로 배출되었을 거로 의심하고 있었다. 금강농산은 건조공정에서 발생한 폐가스와 세정탑의 폐수를 별도 처리하지 않고 재사용했고 방지시설도 제 기능을 하지 못하고 엉망이었다.

금강농산은 공장 가동 시기부터 일정 기간 전에 있었던 벽돌공장의 굴뚝을 그대로 사용하였다. 이후에 한라산 너머에 있는 골프장에서 악취 민원이 생기자 쓰던 굴뚝을 철거하고 철재로 된 굴뚝을 새로 설치하였다. 새로 설치한 굴뚝은 기존 것보다 낮게 하였다. 굴뚝이 높으면 악취 물질이 멀리까지 날아가 골프장에서 다시 민원이 발생할 수 있으니까 낮게 하였다고 한다. 굴뚝이 낮아지면서 주민들 악취 고통은 더 심해졌다. 굴뚝이 높았으면 연기가 멀리 날아갔을 텐데 낮아지면서 아래로 퍼져 마을에 더 많은 영향을 주게 된 것이다.

금강농산을 처음 방문했을 때 굴뚝이 두 개 있었다. 둘 다 철재로 된 굴뚝이었는데, 하나는 운영을 하지 않고 있었다. 공장 폐쇄 전까지 사용한 굴뚝은 세정탑과 연결되어 있었는데 악취 민원이 심해지자 이후에

금강농산 위성 사진 : (좌측 사진) 2008년 위성 사진, 벽돌공장 굴뚝을 사용하고 있다. (중간 사진) 2009년 위성 사진, 철제 굴뚝을 새로 설치했다. (우측 사진) 2011년 위성 사진, 기존 철제 굴뚝을 가동을 중지하고 새로 굴뚝을 설치하였다.

설치한 것이라고 한다. 사용하지 않고 남아 있던 굴뚝은 공장이 폐쇄된 해 8월 26일 철거되었다. 왜 급히 철거했는지 이유는 알 수가 없었다. 역학조사 도중 공장에서 세정탑을 분해해놓은 적이 있었는데, 이전에 쓰던 규모가 매우 작은 세정탑과 연결하여 배출한 흔적을 알 수 있었다. 많은 의문만 남긴 굴뚝이었다.

한편 주민들과 민관협의회 위원들은 공장 재가동을 요구하였다. 대기오염물질 배출량을 정확하게 조사하기 위해서는 재가동이 필요하다고 했고, 비료 원료를 공장 가동 때와 같이 배합하여 생산 가동을 해보자고 했다. 현실적인 어려움이 있더라도 의지만 있다면 가동할 수 있다고 보았다.

이에 대해 환경부와 국립환경과학원은 사업장 배출량 추정 방안으로 세 가지를 제시하였다. 첫 번째는 사업장을 재가동하는 방법, 두 번째는 유사공정 업체를 이용하여 조사하는 방법, 세 번째는 파일럿 시설을 만들어 조사하는 방법을 제시하였다.

먼저 공장이 파산 상태라 법원에 허가를 요청하여 재가동을 승인받았다. 공장 재가동 여부를 판단하기 위해서 전에 근무한 공장장에게 도움을 요청하여 시설을 점검하였다. 공장시설을 점검한 결과 전기가 차단되어 있었고, 버너도 물에 잠겨있었다. 여름에 비가 많이 와서 바닥 아래에 있는 시설은 물에 잠긴 상태였다. 공장에 대한 관리가 전혀 되지

공장 침수 사진 : 공장 재가동을 위해 시설을 점검하고 있다. 강우로 빗물이 유입되어 버너 등 시설물이 물에 잠겼다. 국립환경과학원은 설비 교체 및 보수를 하는데 1억 원이 넘는 예산이 들어간다고 했다.

않으면서 빗물이 공장 내부로 유입된 것이다. 국립환경과학원은 공장 내부시설을 점검한 이후 설비별로 기술자에게 자문을 구했다. 자문을 구한 결과 재가동을 위해서는 설비 수리 및 교체비용이 1억 원 정도 든다고 했다. 여기저기 재가동 논의가 되어가는 중에 과거 공장 종사자들과 수리 여부를 이야기했는데 대부분 거부하였다. 잘 설득하면 될 거로 생각했지만 예상치 못한 불가의견으로 난감한 상황이 이어져 갔다.

 국립환경과학원은 사업장 재가동이 어려워지자 유사공정 업체를 조사하자고 했다. 유사시설이라고 연초박 사용 업체 네 곳을 파악하였으나 모두 금강농산과 같은 가열 건조공정은 없었다. 경주에 금강농산과 비슷하게 건조공정이 있는 비료공장이 있었지만 연초박도 사용 않고 버

너 연료도 LNG를 사용하고 있었다. 경주 업체에 환경 측정과 원료 배합 등에 대해 협조를 요청하였으나 여기서도 거부당하고 말았다.

유사공정도 협조를 구하기 어려운 상황이 되면서 국립환경과학원은 익산에 있는 정제유 사용 업체를 섭외한다. 정제유 연소 시 환경오염물질 배출 여부를 조사하기 위해서였다.

국립환경과학원은 해를 넘겨 2019년 1월 유사공정이라고 여주에 있는 비료공장을 방문하여 생산공정 확인과 시료를 채취하였다. 함께 조사에 참여한 민관협의회 위원들은 "건조공정은 맞으나 건조과정이나 운전 값들이 금강농산과 다르다. 연소 가스도 순환하지 않고, 공기 공급을 최대화해서 배출한 시설로 유사공장이라고 보기 어렵다."라며 "대기배출량의 확보 방안 추가 모색이 필요하다. 파일럿 테스트를 해야 한다. 경주 업체에 대해 민간 측 자체 조사와 함께 행정 라인을 통한 데이터 확보가 필요하다."라고 의견을 제시하였다.

"중간보고회 했었을 때 질의응답 과정이 있었는데, 질의응답 하다 보면 핵심이라는 것이 정말 중요하다. 실질적으로 대기 배출원인 사업장 내부

유사사업체 배출량 조사 사진 : (좌측 사진) 대기 배출량 조사를 위해 익산의 정제유 사용 업체를 찾아가 검사하고 있다. (우측 사진) 여주의 비료공장을 찾아 건조공정을 살펴보고 있다.

조사가 전혀 안 되어있었던 게 가장 큰 문제점이라고 이야기를 했다. 그래서 유사사업장으로 대안을 찾아보려고 했다. 공장이 가동되지 않는 상태에서 뭔가 조사한다는 게 쉬운 상황은 아니었다. 하지만 민관협의회에서 다각적으로 사안을 검토해서 요구하니까 현실적으로 어렵지만, 국립환경과학원과 환경부가 유사업체를 찾아서 뭔가 해보려고 노력을 했다. 이는 중요한 결실이라고 생각한다. 서울에서 전문가 회의를 많이 했다. 국립환경과학원서 입장을 제시하게 되면 저희가 그 사안을 들여다보고 수용할지 말지 이야기를 한다. 공장이 멈춰버렸기 때문에 조사할 수 없다는 맥락으로 끌고 갈 수도 있었을 텐데 그나마 유사사업체에 대해 조사도 하였다. 어려운 환경이었지만 이런 성과로 이어질 수 있다는 것을 다행스럽게 생각한다."(강공언 교수)

환경부, 인과관계 불인정

드디어 환경부는 역학조사를 시작한 지 1년 반이 지난 2019년 6월 20일 조사 결과에 대한 주민설명회를 하였다. 설명회장에는 편안한 마음으로 갔다. 좋은 결과가 나올 것이라고 기대도 했다. 주민설명회에 앞서 6월 12일 서울에서 있었던 최종 자문회의 결과를 강공언 교수와 김세훈 박사에게 들어 알고 있었다. 하지만 그 기대는 얼마 지나지 않아 무너지고 말았다.

역학조사를 실시한 민간연구소는 "비료공장이 퇴비 원료로 사용해야 할 연초박을 건조공정이 있는 유기질비료 원료로 불법 사용하면서 건조과정 중 연초박 내 TSNAs 등 발암물질들이 발생하였고, 허술한 대기방지시설 관리로 공장 근로자와 장점마을 주민의 암 발생에 영향을 준 것으로 보여진다."라고 조사 결과를 발표하였다.

이어 환경부 담당 사무관은 "공장 가동이 중단되어 노출량 파악이 어렵고 위해도 평가결과 발암 위해도가 관련 규정에서 정한 범위를 초과하지 않았다. 아주 적은 인구에 대한 조사이인 점 등이 인과관계 해석에 한계가 있어 관련성을 추정하는 결과를 도출하였다."라고 결론지었다. 그러면서 환경부 사무관은 역학조사 결과 개연성이 인정되어 소송지원과 구제 급여에 나서겠다고 하였다.

환경부 결론은 참으로 모호했다. 이게 무슨 말인지 어안이 벙벙했다. '영향을 준 것으로 보여지는데, 인과관계 해석은 어렵다.'라는 결론은 황당하기 그지없었다.

주민설명회에 참석한 민관협의회 위원들과 주민들은 환경부 사무관 발표 내용을 받아들일 수 없었다.

민관협의회 위원들은 "환경부 역학조사 결과를 받아들일 수 없다. 비료공장과 마을에서 같은 환경 유해인자가 검출되었다. 주민 80명 중 30명 정도의 주민들이 집단으로 암에 걸렸다. 대기확산모델링 결과 장점마을이 금강농산의 영향권 범위에 있는 것으로 확인되었다는 조사 결과가 나왔는데도 불구하고 직접적인 '인과관계'가 있다고 밝히지 않은 것은 이해할 수 없다."라고 따졌다. 솔직히 속이 터지는 상황이었다.

이어 "공장 가동중단 후 1년이 넘어가는 시점에서 조사가 시작되어 반감기가 짧은 PAHs와 TSNAs를 제대로 측정하는 데 한계가 있었다. 대기 배출량 조사도 공장이 정상가동 상태에서 배출계수를 측정한 것이 아니라 제조 공정상 차이가 있는 다른 지역에 있는 비료공장에서 배출계수를 얻은 결과로 낮게 평가되었다. 표준화 암 발생비는 국립암센터에 등록된 자료만 사용한 것으로 자료를 미제출하거나 확진 받지 않은 주민들은 제외되었다."라며 "환경부 조사 결과대로라면 앞으로 환경오염물질 배출업체가 환경피해를 주고 시설을 폐쇄하거나 철수하면 어떤 조사를 하더라도 마찬가지 결론이 나올 수밖에 없을 것이다."라고 비판하였다. 한동안은 체념에 가까운 답답함을 토로했다.

덧붙여 "환경부의 태도는 주민들의 고통은 뒷전이다. 피해구제를 이야기하는데, 법적으로 따져 볼 때 장점마을 조사 결과가 피해구제 대상이 될 수 있는지 의구심이 든다. 주민 생명에 비하면 대상과 지원액이 매우 제한적인 피해구제를 통해 적당한 선에서 마무리하고 법률 분쟁에 휘말리지 않겠다는 잔 계산으로밖에 보이지 않는다."라고 지적했다.

민관협의회 위원들은 장시간 성난 논쟁 후 환경부에 "역학조사 최종 결론을 어떻게 내릴지에 대해 환경부와 지역사회 전문가가 함께 토론할 것을 제안한다. 환경부가 익산지역 시민사회와 역학조사 관련 협의기구를 구성할 것을 요구한다."라고 주장하였다. 마음을 가다듬고, 가다듬어 찬찬히 재검토할 논의장이 필요하다고 위원 간에 의견 일치를 보았다. 여기서 결과에 대해 불필요한 감정 논란을 일으켜서 일을 그르칠 수는 없었다.

환경부를 상대로 발언을 하며 잘못된 결론에 대해 따졌지만 참으로 막막했다. 조사 결과를 오래 기다렸고, 결과가 좋을 것이라고 기대를 했는데 인과관계가 어렵다고 하니까 황당하였다. 고집스럽게 자기주장만 하는 환경부 사무관 보면서 뒤통수를 한방 얻어맞은 기분이 들었다.

아래 내용은 민간연구소와 환경부가 발표한 역학조사 내용을 요약한 것이다.

○ 역학조사 용역기관 발표 내용
- 암 등록자료 분석 결과 2001년~2017년 동안 22명(1명은 대장암, 담낭 및 기타 담도암 발생)이 확인됨. 전국 대비 발생비가 통계적으로 유의하게 높은 암종은 모든 암(2.05배), 담낭 및 담도암(16.01배), 기타 피부암(21.14배)이었으며, 작은 단위의 소집단이지만 집단적인 발병으로 파악됨.
- 사업장과 마을 주택 침적먼지에서 다환방향족 탄화수소(PAHs) 및 담배특이 니트로사민(TSNAs) 중 WHO 1군 발암물질인 NNN과 NNK 검출을 확인함.
- 사업장(구내식당 지하 및 앞마당)에서 일반폐기물 불법매립 확인됨.
- (유)금강농산이 퇴비(교반 공정)로 사용해야 할 연초박을 불법으로 유기질비료 원료(건조공정)에 사용했으며, 허술한 방지시설 관리로 건조과정 중 휘발되는 연초박 내 각종 발암물질(TSNAs 등)이 제대로 처리되지 않고 작업장 내부뿐만 아니라 대기 중으로 배출되어 공장 근로자와 공장 인근 장점마을 주민의 암 발생에 영향을 준 것으로 보여 짐

○ 환경부 입장
- 공장과 암 발생 간의 관련성을 추정하는 결과 도출, 건강영향조사 이전에 이미 공장 가동이 중단되어 환경·인체 노출량 파악이 곤란하였고, 위해도 평가 결과 발암 위해도가 관련 규정에서 정한 범위를 초과하지 않았으며, 아주 적

역학조사 결과 주민설명회 사진 : 민간연구기관은 '금강농산이 장점마을 집단 암 발병에 영향을 준 것으로 보여진다.'라는 조사 결과를 발표한다. 하지만 환경부는 '인과관계 해석에 한계가 있으며 관련성을 추정하는 결과를 도출하였다.'라고 하였다.

은 인구에 대한 조사인 점 등이 과학적 인과관계 해석에 한계가 있음. (실제 보고서에는 PAHs는 발암 위해도에 약간 못 미쳤고, TSNAs 1급 발암 물질류는 위해도 안에 들어왔음.)
- 환경부는 익산시에 주민건강 관찰 등 사후관리를 요청하고, 피해 주민에 대한 피해구제를 '환경오염피해 배상책임 및 구제에 관한 법률'에 따라 추진할 계획." - 《전북 익산시 함라면(장점마을) 환경오염 및 주민건강 실태조사》 주민설명회 발표 내용 중

제5장

환경부와의 갈등

주민들은 영정사진을 들고 국회에서 인과관계를 촉구하는 기자회견을 했다.

환경부 규탄에 나선 지역 시민사회단체

환경부 역학조사 결과가 인과관계를 인정할 수 없다는 것으로 나오면서 익산지역 시민사회단체들도 지켜만 보고 있을 수 없었다. 2019년 6월 25일 시민사회단체는 장점마을 주민대책위와 함께 익산시청 현관 앞에서 환경부를 규탄하는 기자회견을 하였다.

시민사회단체와 주민들은 기자회견에서 "비료공장의 환경오염물질이 대기 중으로 배출되어 주민들의 암 발생에 영향을 준 것으로 보여 진다.'라고 하는 모호하고, 매우 소극적인 용역 결과 발표를 받아들일 수 없다."라고 하였다.

이어 "시간이 상당히 지났음에도 불구하고 반감기가 6주밖에 되지 않는 TSNAs 등 1군 발암물질이 검출되었다. 대기 배출량 조사도 공장이 정상가동 상태에서 배출계수를 측정한 것이 아니라 제조 공정상 차이가 있는 타 지역에 있는 비료공장에서 얻은 결과다. 이런 한계와 상황을 고려하지 않고 과소하게 측정될 수밖에 없는 검사 결과만 가지고 모호하고 소극적으로 결론을 내린 것은 문제가 심각하다."라며 "환경부가 지금까지 실시한 14건의 역학조사 중 인과관계를 밝힌 것이 2건밖에 되지 않는 것은 이런 인식과 태도에서 비롯된 것이라 할 수 있다. 환경부의 태도는 주민들의 생명권을 지켜야 하는 국가의 헌법상 의무에 대한 배임이고 배신이다."라고 비판하였다.

그러면서 "환경부가 집단으로 암에 걸린 주민들의 고통과 주민들의 생명과 안전을 지키는 것이 국가의 의무라는 것을 인식하고 주민들의 암 발생과 공장 가동 간에 인과관계가 있다는 역학조사 결과를 제출하라"라고 강력하게 촉구하였다.

덧붙여 "환경부는 주민설명회에서 민관협의회 민간위원과 주민들이 제안한 환경부와 익산지역 시민사회와의 협의기구를 조속히 구성하고, 제기된 문제들에 대해 적극적인 협의를 통해 대책을 수립하라."라고 촉구하였다.

시민단체 기자회견 사진 : 익산지역 시민단체와 주민대책위가 익산시청 앞에서 인과관계에 소극적인 환경부를 규탄하는 기자회견을 하고 있다.

국회에서의 담판

6월 27일 국회 이정미 의원실에서 주선하여 환경부, 국립환경과학원, 민관협의회가 만났다. 이날 간담회에는 이정미 의원, 환경부 사무관, 국립환경과학원 연구관, 최재철 주민대책위원장, 오경재 교수, 김세훈 박사, 권태홍 사무총장, 손문선 대표가 참석하였다.

간담회는 처음부터 논쟁이었다. 눈이 마주치기가 무섭게 큰소리로 설전을 벌이다 보니까 의원회관이 떠들썩했다. 주변 사무실은 웬 싸움인가 했을 것 같다. 민관협의회 위원들은 환경부가 왜 인과관계를 인정하지 않는지 계속 추궁하였다.

간담회 참석한 환경부 관계자는 자기도 영향이 있다고 생각하는데 결괏값이 그걸 반영하지 못하니까 어쩔 수 없다고 했다. 폐암 환자가 더 있으면 인정하겠다고 했다.

권 사무총장은 "역학조사를 통해 비료공장이 유해한 환경오염물질을 배출한 사실이 있고, 대기확산을 통해 주민들에게 전달된 사실이 있고, 주민들이 집단으로 암에 걸린 사실이 확인되었는데도 인과관계가 있다고 결론을 내리지 않은 것은 문제가 있다."라고 비판하였다.

김 박사는 "공장이 가동될 때 조사한 것도 아니고, 공장을 재가동하자고 하니까 수리비가 1억 원이 들어간다고 해서 돌리지도 않았다. 국립환경과학원이 선정한 유사공정도 건조공정은 있지만 연초박을 사용하는 업체도 아니었다. 건조시설도 방지시설도 관리가 잘되고 있는 곳이었다. 역학조사 결과에 나와 있는 환경 유해인자 노출량 조사 결과는 환경부와 국립환경과학원이 계획한 곳을 찾아가서 조사한 결괏값을 가지고 모델링한 것이다. 이런 조건에서도 보고서 내 TSNAs의 위해성 평가결과 발암 위해도가 위해성 기준 범위에 포함되었다. 인과관계를 인정하지 않은 것은 문제가 있다. 민관협의회가 요구한 대로 조사도 하지 않은 상황에서 범위에 들어갔다면 제대로 했을 때는 발암 위해도가 훨씬 높게 나왔을 것이다. 폐암 환자 더 있으면 인과관계를 인정하겠다는 환경부 태도는 무책임한 것이다."라고 따졌다.

이어 김 박사는 "대기확산모델링 결과 영향에 있어 장점마을 일부가 빠져 있다. 주변 마을인 왈인과 입남, 장고재 일부와 함라산 너머로 확산된 것으로 나와 실제 영향을 제대로 설명할 수 없는 결과가 제시되었다. 현장 상황과 다른 유사공정과 파일럿 테스트로 오염물 배출량이 실제보다 낮게 검출되어 주민들의 노출량이 저평가되었을 가능성이 매우 크다."라고 주장하였다.

오 교수는 지금까지 나온 조사 결과만으로도 인과관계가 성립된다고 주장하였다. 오 교수는 "환경부가 조사 결과에 대한 입장을 정리하는 데 있어 전문가 의견을 구했다고 하는데 의견을 구한 전문가는 환경 관련 전문가들이다. 역학조사 전문가들을 참여시키지 않은 것은 해석상 오류를 초래할 수밖에 없다."라고 지적하였다.

오 교수의 주장에 대해 환경부는 산하에 두고 있는 환경보건위원회 논의 결과까지 들먹이며 기존 입장을 계속 고집하였다. 당연히 위원회에도 환경 분야 역학 전문가들이 있다고 설명하면서 인과관계 인정에 한계가 있다는 의견을 제시하며 방어적인 태도를 고수했다.

필자는 "환경부 역학조사 결과대로 하면 피해구제법 조건에 해당하지 않는다. 환경오염피해구제법에 따라 주민들이 피해구제 대상이 되기 위해서는 법률 제9조(인과관계 추정)에 명시한 것과 같이 역학조사 결과가 '상당히 개연성'이 있다든지 '인과관계 추정'이라고 나와야 한다. 하지만 발표된 역학조사는 그런 결론이 포함되어 있지 않다. 환경부는 주민들을 속이지 말라. 환경부 태도는 주민들의 피해구제를 시혜적으로 접근하고, 구제결정권을 쥐고 장난치는 모양새로 용납할 수 없다."라고 따졌다. 이에 대해 환경부는 법률상 피해구제 대상은 될 수 없지만, 주민들을 위해 환경부 시책으로 피해 구제할 계획이라고 변명하였다.

간담회 자리를 함께한 이정미 국회의원은 환경부 담당 사무관과 국립환경과학원 연구관에게 "영향이 있는 것으로 보이는데, 인과관계가 없다면 원인을 제대로 찾지 못했으니 더 찾아보시라"라고 하였다. 민간협의회 위원들의 접근 논리와는 전혀 다른 정치인 논리는 자잘한 갑론을박을 단숨에 정리해 주었다.

장시간 논쟁을 거친 뒤, 자리에 함께한 환경부 사무관, 국립환경과학원 연구관, 민관협의회 위원이 몇 가지 합의를 하였다. 이정미 의원실 주관으로 장점마을 역학조사 결과에 대한 국회 토론회를 개최하기로 하였다. 환경부가 진행한 역학조사 결론 추론 방식과 판단이 인과성을 평가하는데 적절했는지에 대해 한국역학회에 의뢰하여 의견을 구하기로 하였다.

환경노동위원회 소속 국회의원이 마련한 간담회인데 환경부에서 실무자만 참석하고 간부들은 오지 않았다. "입장이 곤란하니까 불참했나" 하는 생각이 들어 불안했다. 성과 없이 따지기만 하고 내려갈 것 같았다. 환경부가 무슨 생각을 가지고 간담회에 참석했는지 알 수 없지만, 기존 의견을 계속 되풀이한 것을 보면 태도 변화 없이 나온 것 같다. 국회 간담회는 새로운 돌파구를 마련해주었다. 환경부가 여러 이유를 들어 인과관계를 인정하지 않아 막막했는데, 논쟁할 수 있는 자리가 만들어진 것이다. 국회 간담회는 장점마을 사태 해결의 확실한 전환점이 되었다.

국회 간담회 사진 : 이정미 국회의원실 주관으로 의원회관에서 환경부, 국립환경과학원, 민관협의회가 만나 간담회를 했다. 간담회에서 한국 역학회 자문회의와 국회 토론회를 하기로 합의하였다.

영정 들고 국회 정론관에서 기자회견

7월 18일 장점마을 주민들은 국회 본관에 있는 정론관에서 환경부 역학조사 결과를 규탄하는 기자회견을 가졌다. 마을 주민들은 아침 일찍 버스를 타고 상경하였다. 상경한 주민들은 대부분 노인으로 암 투병 중인 사람도 있다. 버스로 장시간 가야 함에도 주민들은 힘들어하지 않았다.

환경부 역학조사에 기대가 컸지만, 결과는 아쉽게도 인과관계 인정이라는 단어는 없고 관련성 추정이었다. 환경부는 주민들이 그동안 고통받은 것을 알아주지 않았다. 환경부가 억울함을 풀어 줄 거라 믿었는데, 배신당했다는 기분이 들었다. 주민들은 비료공장에서 뿜어내는 악취와 연기 때문에 십수 년간 고통을 받았고, 공장이 들어온 뒤 주민들이 집단으로 암에 걸렸는데, 인과관계가 없다고 하니까 이해할 수 없었다.

주민들이 손에 들고 있는 보자기 안에는 영정사진이 있었다. 암에 걸려 먼저 돌아가신 부모, 남편, 아내의 사진이었다. 지방 농촌 마을 노인들의 모습에서 비통함을 느꼈다. 어지간한 마음을 갖고는 영정사진 들고 밖으로 나오기 힘들다. 영정사진을 들고 서 있는 고령의 주민들을 바라보면서 그동안 겪었던 '고통이 얼마나 컸을까'하는 생각이 들었다.

이날 기자회견에는 이정미 국회의원실에서 소개해주어서 가능했다. 이정미 의원은 기자회견 자리에도 함께했다.

주민들은 기자회견에서 "환경부는 민간연구소가 '비료공장의 환경오염물질이 대기 중으로 배출되어 주민들의 암 발생에 영향을 준 것으로 보여짐'이라고 하는 조사 결과를 제출하였는데도 인과관계 해석에는 소극적인 태도로 일관하고 있다."라고 규탄하였다.

이어 "건강영향조사 이전에 이미 공장 가동이 중단되어 환경·인체 노출량 파악이 곤란하였고, 위해도 평가결과 발암 위해도가 관련 규정에 정한 범위를 초과하지 않았으며, 아주 적은 인구에 대한 조사로 과학적 인과관계 해석에 한계가 있다."라는 환경부 결론은 받아들일 수 없다고 하였다.

주민들은 "공장 가동이 중단된 지 1년이 넘어 역학조사를 실시했는데도 반감기가 6주밖에 되지 않는 TSNAs나 PAHs 등 1군 발암물질이 사업장과 마을에서 검출되었다."라며 오히려 인과관계를 인정하는 것이 마땅하다고 하였다.

주민들은 "환경부 조사 결과대로라면 앞으로 환경오염물질 배출업체가 환경피해를 주고 시설을 폐쇄하거나 철수하면 어떤 조사를 하더라도 마찬가지 결론이 나올 수밖에 없을 것이다. 또한, 환경부 기준대로라면 환경피해 조사대상이 인구가 많이 거주하는 도시지역이거나, 폭발, 화재 등 사고성 환경피해가 아니면 인과관계가 인정될 수 없을 것이다."라고 강하게 성토하였다.

그러면서 "국민의 생명과 안전을 지키는 것이 국가의 당연한 의무라는 것을 인식하여 인과관계가 있다는 역학조사 결과를 제출하라"라고 촉구하였다.

이날 기자회견에 함께한 필자도 "배출원인 금강농산과 마을에서 같은 발암물질이 검출되었고, 대기확산모델링 결과 전달 경로가 확실한데 인과관계를 인정하지 않는 이유를 이해할 수 없다."라고 주장하였다.

이정미 국회의원도 "정부는 주민건강영향조사 결론을 명확히 해야 한

국회 정론관 기자회견 사진 : 국회 정론관에서 영정을 들고 인과관계 인정을 촉구하는 기자회견을 하였다.

다. 다시는 장점마을과 같은 일이 발생하지 않도록 재발 방지대책을 철저히 세워야 한다."라고 촉구하였다.

장점마을 환경재앙의 교훈과 향후 대책 국회 토론회

처음으로 국회까지 가서 했던 기자회견 이후 8월 24일 국회 정의당 사무실에서 장점마을 주민대책위원회와 이정미 국회의원실 주최로「집단 암 발병 장점마을 참사의 교훈과 향후 대책」토론회가 열렸다. 토론회가 열린 때는 환경부와 한국역학회가 자문회의를 통해 장점마을 역학조사 결과에 대해 합의한 이후였다. 토론회에는 익산(을) 지역구를 둔 이춘석 국회의원, 이정미 국회의원을 포함하여 마을 주민, 지역 시민사회단체 활동가, 민관협의회 의원 등 많은 분이 참석하였다.

토론회는 권태홍 정의당 사무총장 사회로 진행이 되었다. 최재철 주민대책위원장이 '익산 장점마을 참사의 현황', 오경재 원광대 의대 교수가 '집단 암 발병의 인과관계와 향후 과제', 환경부 피해구제과장이 '환경부 역학조사 결과와 향후 대책', 익산시 녹색환경과장이 '역학조사 이후 익산시 향후 대책'이라는 주제로 발제를 하였다. 토론자로는 김동현 한국역학회장, 필자, 김세훈 박사, 최준호 환경운동연합 사무총장이 참석하여 다양한 의견을 제시하였다.

오 교수는 발제에서 "환경부가 제시한 적은 대상자 수, 정확한 노출량 추정 불가, 사망자 정보 파악 불가 문제는 어떠한 연구 방법으로도 해결할 수 없다. 장점마을 사태의 경우는 인과관계 판단 기준을 적용할 때

비료공장 가동과 주민 집단 암 발생 간에 인과관계가 인정된다. 앞으로 건강영향조사 결과에 인과관계가 인정되는 명확한 결론이 나와야 한다. 향후 대책으로 선제적인 소통이 필요하고 마을공동체 회복이 중요하다" 라고 하였다

토론자로 나선 익산시 녹색환경과장은 "환경부의 국비예산과 익산시의 예산을 통해 앞으로 주민건강 모니터링을 강화하고 향후에도 주민들과 소통하여 대책 방안을 마련하겠다. 익산시에 환경 관련 위원회를 설치하여 환경오염 배출사업장이 들어오는 것을 사전에 차단할 수 있도록 하겠다. 피해 주민들에 대한 사후 대책은 환경부와 협의하여 진행하겠다."라고 견해를 밝혔다.

김 역학회장은 "환경적인 피해뿐만 아니라 위해 요인과 위험요인, 통상적으로 적용되는 기준으로 볼 때 역학적 관련성이 있다고 판단한다. 샘플 사이즈가 적다고 한다는 것은 인과관계를 밝히는데 전혀 하자가 될 수가 없다."라며, "역학조사 결과를 보면 인과관계 해석을 하는데 제한적인 근거를 제시하고 있는데 잘못하면 '오독'의 여지가 있고, 단서가 있으면 잘 모르는 분들에게 잘 전달이 안 될 수 있다. 법률적인 것을 고려해서 소극적인 역학조사 결과를 도출하면 안 된다."라고 환경부 역학조사 결론을 비판하였다. 김 회장은 "정부 기관의 역할은 주민 피해 원인을 밝히는 것이다. 정부 기관이 주민들을 위해 나서 주지 않으면 주민들이 겪지 않을 문제를 겪게 된다."라고 주장하였다.

여기서 필자는 "잠정마을 집단 암 발병 사건은 우리나라의 허술한 환경 관련 법체계와 행정기관의 관리 감독 부재, 사업체의 불법 행위로 인

해 발생한 참사라고 생각한다. 환경부 역학조사 결과가 수시로 바뀌고 있어서 신뢰할 수 없다. KT&G가 배출한 사업장폐기물이 전혀 관리가 되지 않고 있다. 환경부 올바로 시스템에 대한 점검이 필요하다."라고 하면서, "역학조사 최종보고서 작성 전에 주민들과 협의하는 과정이 있어야 한다. 주민들의 피해구제, 건강관리, 오염지역 관리 등 사후 대책을 수립하고 이행하기 위한 환경부, 자치단체, 주민대표, 지역사회 인사, 학계 등이 참여하는 민관 T/F 구성이 필요하다."라고 주장하였다.

김 박사는 "비료 공정규격에서 연초박을 빼야 한다. 연초박 처리에서도 KT&G가 자체 처리하도록 해야 한다. 한국 사회에서 가열 건조 방식을 통해 유기질비료를 만들게 하면 안 된다. 환경부가 보고서 작성 시 일관성 있게 해 주었으면 한다. 중구난방으로 하고 제한 조건을 걸면 독소조항이 된다."라고 주장하였다.

최 사무총장은 "금강농산을 허가해준 전라북도와 익산시는 자기반성을 해야 한다. 장점마을과 같이 환경오염물질 배출 사업체가 폐쇄되거나 먹튀 하면 대책이 없는 상황을 만들면 안 된다. 환경오염을 유발하는 사업체에 환경피해기금, 환경 보호 기금 등을 낼 수 있는 법적 조항을 만들고, 피해가 발생할 때는 관련 기금으로 적극적으로 구제를 했으면 한다."라고 주장하였다.

토론회를 주관한 이정미 국회의원은 "환경부가 역학조사 결과에서 제시한 '제한적인' 부분을 부정적인 것이 아니라 긍정적인 해석이라고 설명하고 있는데 이해할 수 없다. 해석에 혼란이 없도록, 최종 결과보고서에는 관련성이 있다는 결론이 명확해야 한다."라고 환경부에 요구하였다.

발제와 토론을 들은 환경부 피해구제과장은 "장점마을 역학조사 최종 보고서 작성 전에 주민들과 협의하겠다. 앞으로 주민들과 소통을 강화하고 사후 대책 마련을 위해 민관 T/F 팀 구성을 전향적으로 검토하겠다."라고 약속하였다.

국회 토론회 사진 : 국회 정의당 사무실에서 장점마을 참사의 교훈과 향후 대책 국회 토론회가 열렸다.

민관협의회 위원 인터뷰

Q. 민관협의회 위원으로 활동을 하면서 가장 힘들었던 점은?

강공언
"비료공장 주변 지역에서의 유해물질에 의한 오염도 문제가 제기되면서 지역 농산물에 대한 판로와 이미지 실추 문제의 우려가 컸다. 논의과정을 통해 합의 또는 결정된 사항에 대한 행정에서의 미진한 대응과 인식 부족이 힘들게 했다."

김세훈
"장점마을의 고통 원인을 찾는 데 일조하고자 시작한 지 벌써 4년 반이 지났다. 그간 역학조사가 진행되어 원인과 역학적 인과관계를 확인할 수 있어서 참 다행이다고 본다. 참여하는 동안 가장 힘들었던 것은 명확한 역학조사 결과를 놓고 환경부가 벌인 소극적인 발암 관계 규명 태도와 자세였다. 특히 역학 전문가 그룹인 한국역학회의 의견 청취와 국회 토론회가 없었다면 이번 금강농산의 연초박 발암 영향 관계는 사회적인 논란으로만 남아 주민들과 도와주신 모든 분의 가슴에 상처만 남겼을 것이라고 본다. 다행히도 여러 분야 전문가의 논의를 통해 결론에 도달하는 과정이 있었고, 그래서 관련성이 입증되었으니, 천만다행이다 싶다. 규명을 못 했다면 어떠했을까? 고귀하고 순수한 민간위원 7인의 장시간 노력이 수포가 되었다면 지금도 트라우마에서 벗어나지 못하고 힘들어했을 것이다."

오경재
"역학조사 결과 해석 시 환경부와의 인과관계 인정 여부에 대한 충돌과 논쟁과 인과관계 인정 후 핵심사항을 포함하지 못하고 설정된 사후관리 대책 방향성에 대한 아쉬움 등이 힘들었다.

한편으로 금강농산에 근무했던 근로자들도 동일한 유해물질에 노출되고 건강장해가 발생하고 사망했기 때문에 근로자들도 마을 주민들과 동일한 선상에서 피해자로 인정하고 동일한 수준으로 사후관리 대책이 마련이 돼야 하는데 그렇지 못한 부분과 논의장에 들여놓지도 못한 부분은 심적으로 가장 힘들었던 부분이다."

권태홍

"민관협의회에 대한 익산시 공무원들의 태도. 마을 주민들의 피해에 가장 큰 책임을 지고 있는 공공기관으로서 반성과 성찰, 그리고 책임지려는 모습을 보여도 사태 해결이 쉽지 않은 마당에 문제가 커지지 않도록 하는 데만 골몰하고, 책임지지 않기 위해 정보공유와 사태 해결에 미온적이거나 이율배반적인 태도를 보인 것이 한두 번이 아니었다. 있는 법도 잘 지키지 않거나 자의적으로 복지부동한 해석을 하고, 법 테두리 밖에 있는 문제는 해결책을 찾는 대신에 아예 논외의 문제로 취급하는 등 도대체 주민들의 입장에 서서 생각하고 연구하고 활동해야 할 공무원 본연의 모습을 보기 힘들었던 점이 가장 힘든 점이었다."

김승철

"가장 힘들었던 점은 시청 공무원들과 환경부 담당자들과 대화하고 회의를 하면 개선되고 희망적이어야 하는데 회의를 하면 할수록, 만나서 해결점을 찾으려 할수록 끝이 보이지 않는 시간이 참 힘들었습니다. 특히 시청 환경 담당자가 직접 2001년부터 금강농산에서 사용하던 굴뚝을 무너뜨려 버리도록 허가를 해 주면서도 아무 문제 없다는 식의 발언과 행동을 할 때와 우여곡절 끝에 있었던 역학조사 중간발표 전후에 환경부 담당자들의 거만함과 오만한 행동은 우리나라 환경을 담당하는 공무원들의 인식과 형태를 그대로 볼 수 있었다. 환경문제를 덮으려고만 하는 모습에 회의가 왔다. 환경문제를 해결하기 위해 회의를 하면 할수록 벽에 부딪히고, 더는 앞으로 나아갈 길이 보이지 않았을 때 힘들었다. '나는 책임이 없다.', '모르겠다.', '알아는 보겠다.'라고 하고 대답이 없을 때. 계속되는 도돌이표 대답만 들을 때 가장 힘들었던 것 같다."

홍정훈

"환경오염을 발생시킨 (유)금강농산을 관리 감독해야 하는 권한과 의무를 지는 익산시의 무책임한 태도가 가장 힘들었다. 익산시청은 자신들이 책임져야 하는 익산시에 발생한 너무나도 끔찍한 장점마을 사태에 대하여 책임 있는 자세를 보이지 않았습니다. 스스로 모든 정보를 공개하고 그 원인을 파악하고 책임지려는 자세가 보이지 않았다. 그 과정에서 계속 익산시 공무원들과 갈등이 발생하며, 문제의 원인 파악과 해결에 집중하지 못하고 시간이 계속 지나가는 것이 저를 가장 힘들게 하였다. 지금도 익산시청은 자신들에게 법적 책임이 없다는 주장을 하고 있어 참으로 안타깝다."

제6장

결국, 인과관계 인정

환경부 역학조사 최종발표회 이후 주민들이 입장발표 기자회견을 하고 있다.

역학조사 결과 뒤집은 한국역학회 자문회의

2019년 7월 23일 환경부와 국립환경과학원은 국회 이정미 의원실에서 민관협의회와 약속한 대로 한국역학회 자문회의를 개최하였다. 자문회의는 환경부 담당 사무관, 국립환경과학원 부장 등 관계자, 민간연구소 소장과 연구진, 한국역학회 임원, 민관협의회 위원인 오경재 교수가 참석하였다.

환경부와 국립환경과학원은 자문회의에서도 관련성 추정이라는 기존의 견해를 완고하게 고수하였다. 환경부는 비논리적인 이유만 일관되게 주장하였다. 한국역학회 자문회의에서 민간연구소장의 발언을 통해 새로운 사실이 알려졌다. 장점마을 역학조사를 수행한 민간연구소는 '인과관계가 있는 것으로 보여짐'이라는 결론을 내렸다고 하였다. 그럼에도 환경부는 '관련성이 추정됨'이라는 의견을 보고서에 제시했다고 하였다.

민관협의회 위원인 오 교수는 "공장 가동 후에도 유해물질이 높게 나타난 부분은 공장 가동 중에는 더 가중치를 두어 의미 부여가 되어야 한다. 양-반응 관계(환경오염물질에 노출된 양과 피해자의 신체 반응)에서 연령 증가에 따라, 암이 많이 발생하는 결과에 대해 의미가 없다는 해석은 오해한 것이다. 표준화 발생비 자체가 연령에 의한 영향을 보정한 것이기 때문에 결과가 높게 나타나는 것은 폄훼되어서는 안 되며 역학적으로 매우 큰 의미가 있다."라고 주장하였다.

또한, 오 교수는 "단일 암 종이 아닌 다양한 암 종이 발생한 것은 의미가 없는 것이 아니라 더 큰 의미가 있다. 왜냐하면, 벤젠이나 방사선

처럼 원인 물질이 단일물질일 때 단일 암 종이 발생하는 것과는 달리 담배 유해물질은 수천여 가지의 유해물질과 70여 종의 발암물질로 이뤄진 혼합물질이다. 따라서 다양한 암 종이 발생하는 것은 당연하며 오히려 역학적 인과관계를 해석할 때 더 적극적인 근거로 인식해야 한다."라고 의견을 제시하였다.

여기에 "환경부가 주장하는 건강 위해성 평가결과는 추정된 내용을 가지고 다시 추정한 결과이므로 인과관계를 인정할 수 있는 명확한 결과를 뒤엎을만한 근거로 이용되어서는 안 된다. 이러한 추정의 추정을 한 결과는 아무런 가치가 없는 것으로 해당 사항이 없으므로 연구 결과에서 완전히 삭제해야 한다."라고 주장하였다.

한국역학회 A교수는 "역학조사 과정과 내용에 있어 완전성이 결여되지만 굳이 인과관계를 논하라면 상당인과관계가 인정된다. 단, 고형 암은 노출로부터 10년 이상 잠복 기간이 필요하다. 또한, 대기오염으로부터 유래된 암 발생이라면 호흡기계 관련 암 발생이 더 두드러져야 한다. 그런데도 간암, 담낭암 등, 다른 암 발생에 대한 설명은 잘 안 되고 있다. 기존 TSNA, PAHs 외에 다른 암 관련 물질을 규명해야 한다. 이 밖에도 양-반응 관계도 시간이 지나면 당연히 연령 증가에 따라, 암 발생은 당연히 증가할 것이다. 따라서 양-반응 관계의 인과관계 인정기준을 적용하기는 어렵다고 본다."라고 주장하였다.

한국역학회 B 교수는 "역학조사 결과 인과관계를 부정하기가 더 어렵다고 본다. 당연히 인정되어야 한다. 더구나 TSNA, PAHs 외에도 영향을 미칠 수 있는 다른 유해물질과 다양한 건강 유해성, 질환 등(특히 심뇌

혈관질환)을 파악하지 않은 것은 아쉽다고 생각한다. 아마도 역학조사 결과에서보다 훨씬 더 많은 물질과 피해가 예측된다. 설문 조사나 초점집단면접 조사 결과를 볼 때 장점마을 주민들의 신체적, 심리적 고통이 오랫동안 있었고 앞으로도 진행형이다. 환경부나 지자체 등의 대응이 너무 빈약하고 때늦은 감이 있다. 더 전향적이고 적극적인 대응과 자세가 필요하다."라고 주장하였다.

한국역학회 C교수는 "이러한 결과를 보고도 인과관계를 있다고 말하지 못하는 것은 이해하기 어렵다고 보며, 이 사안의 경우 역학적 인과관계가 분명하게 인정된다."라며, "외국의 여러 사례에서 환경오염과 같이 명확한 노출량 등 수량적 증거가 제시되기 어려워 명확한 결론을 내기 어려운 불확실한 경우라도 좀 더 피해자 입장에서 해석되어야 한다는 것은 세계 공통적인 원칙이고 최근 우리나라 대법원 판례도 이러한 경향을 따르고 있다. 오경재 교수가 제시한 Hill's criteria 원칙에도 여러 사항이 부합하다. 환경학적인 해석보다는 역학적인 해석이 이뤄지면 좋겠다."라고 주장하였다.

덧붙여 C교수는 "인과관계 인정에는 변함이 없을 것이며 추후라도 역학회 공식적인 의견을 묻는다면 인과관계를 인정하는 의견을 좀 더 강력하게 제시할 것이다. 장점마을의 폐암 발생비는 일반적인 흡연에 의한 폐암 발생비보다 높은 경우이다. 따라서 인과관계를 인정하는데 또 하나의 근거가 될 수 있다."라고 하였다.

간담회 내내 환경부는 '추정'이라는 단어 사용을 고집하였다. 이에 대해 보수적인 해석과 전향적인 해석에 대한 의견들이 제시되었다. 장시간 토의 결과 결론을 수정하기로 모두가 동의하였다. 명시적인 '인과관계'라는 단어는 사용하지 않더라도 '관련성'이라는 단어는 반드시 넣어야 한다는 데 의견을 모았다. 그 결과 '역학적 관련성이 있는 것으로 판단된다.'라는 문구를 최종보고서에 제시하기로 합의하였다. 정말 힘겨운 결정이었지만 한국역학회의 검토 후 합의까지 가는 과정은 장점마을 입장에서 볼 때 당연한, 아니 운명적인 절차로 예고되었는지도 모른다.

장점마을 최종보고서 발표 전까지 환경부 입장은 인과관계를 불인정으로 정해 놓고 문구만 교묘하게 여러 번 바꾸었다. '인과관계 추정은 어렵다.', '인과관계 해석에 제한적이다.', '암 발생에 영향을 준 것으로 보여진다.', '암 발생과 공장 가동 간에 관련성이 추정된다.', '역학적 관련성이 있는 것으로 판단된다.' 등 회의 때마다 문구를 달리했다.

환경부는 당초에 인과관계를 수용할 일말의 고려도 없었던 것 같다. 역학조사를 수행한 민간연구소는 인간관계가 인정된다고 결론을 내렸는데, 갖가지 이유를 들어 결론을 뒤집은 것을 보면 환경부가 인과관계 인정에 매우 부정적이었음을 알 수 있다. 그동안 환경부의 결론 변경을 마주하면서 느낀 바로는 주민들 피해 상황의 심각성은 안중에도 없었던 것 같다.

환경부와 한국역학회가 역학조사 결론을 합의한 후, 7월 26일 주민대책위원회와 민관협의회는 기자회견을 통해 관련 소식을 알렸다. 대책위와 협의회가 기자회견을 한 것은 그동안 환경부가 역학조사 결론을 여러 번 바꿔왔기 때문에 공개를 통해 합의 내용을 공식화시켜야겠다는 의도가 강했다.

대책위와 협의회는 기자회견에서 "환경부와 한국역학회의 합의 내용은 '역학적 인과관계가 인정된다.'라는 결론에 미치지 못해 유감스럽지만, 환경부가 고집스럽게 주장했던 '관련성 추정'이라는 모호한 입장에 비해 진일보한 것이다. 합의한 결론은 비료공장의 불법 행위와 허술한 방지시설 관리로 환경오염물질이 대기 중으로 배출되어 주민들이 집단으로 암에 걸렸다는 인과관계에 더 접근된 해석이라고 볼 수 있다."라고 의견을 밝혔다.

기자회견 사진 : 주민대책위원회와 민관협의회가 역학조사에 대한 환경부의 한국역학회 자문회의 결과를 발표하는 기자회견을 하고 있다.

환경부 역학적 관련성 인정

11월 14일 환경부는 장점마을 역학조사 최종발표회를 하였다. 최종발표회에는 환경부, 국립환경과학원 관계자를 포함해서 장점마을 주민, 민관협의회 위원, 시민사회단체 관계자들이 참석하였다. 이날 최종보고회는 언론사에서도 많이 와 취재 열기가 매우 뜨거웠다.

역학조사 최종발표회 사진 : 민간연구소와 환경부는 역학조사 최종발표회에서 비료공장 배출 유해물질과 주민들의 암 발생 간에 역학적 관련성이 있다는 결론을 내렸다.

역학조사가 환경부 청원부터 조사가 수용되어 본격적인 조사가 진행된 후 최종 인과관계를 인정받기까지 총 2년 7개월이 걸린 셈이다. 많은 관심을 집중해서 참여해왔지만 지나 보면 한 가지 일에 모진 애를 쓰면서 포기하지 않고 버텨왔던 긴 시간이었다는 생각이 든다.

역학조사는 2017년 4월 주민들이 집단 암 발병의 원인을 밝혀 달라고 환경부에 직접 찾아가 청원서를 제출하였고, 같은 해 7월 환경부가 청원을 수용 결정하면서 가능하였다.

역학조사는 시작부터 순탄하지 않았다. 역학조사를 수행할 용역기관을 선정해야 하는데, 한 곳밖에 응찰하지 않았다. 환경부는 어쩔 수 없이 두 번의 유찰 과정을 거친 뒤 최종적으로 이번 용역을 수행한 민간연구소와 수의계약을 하였다.

장점마을 역학조사 용역에 민간연구기관들이 별 관심을 보이지 않은 것은 죽음과 질병의 원인을 찾아내야 하는 어려운 조사였기 때문이라 생각한다. 일반 산업단지나 대규모 공장 주변이 아닌 한적한 농촌 시골 동네에서 일어난 환경오염 피해사건은 국내 처음이었고, 장점마을 주민들뿐만 아니라 많은 국민이 관심이 있었기 때문에 그만큼 부담이 컸을 것이다.

역학조사는 2018년 1월부터 시작되었다. 2017년 12월 14일 국립환경과학원과 민간연구소는 역학조사 시작에 앞서 장점마을에서 주민설명회를 하였다. 역학조사는 오염물질 배출원 평가, 지역 환경오염 평가, 주민 건강조사 방향으로 진행되었다. 역학조사 전에 있었던 환경부 전문위원회 검토와 익산시에서 실시한 예비조사 용역 결과가 방향을 잡는 데 많은 기여를 했다고 본다.

지난 6월 20일 환경부는 역학조사 주민설명회 때 인과관계를 인정한다는 결론을 내지 않았다. 이에 대해 주민대책위원회와 민관협의회, 지역 시민사회단체는 기자회견, 성명서 발표, 국회 담판 논쟁 등 다양한 형태로 환경부를 규탄하였다. 지역과 서울에 있는 시민단체들도 함께 투쟁하며 힘을 보탰다.

국회 이정미 의원실에서 있었던 환경부와의 간담회는 역학조사 결론에 대해 다시 논의할 수 있는 계기를 마련하였다. 국회 간담회 결과로 마련된 한국역학회 자문회의는 조사 결론을 수정하는 데 결정적인 역할을 하였다.

한국역학회 자문회의 이후 환경부는 역학조사 결과를 가지고 주민대책위원회, 민관협의회 위원들과 여러 차례 간담회를 진행하였다. 역학조사 보고서 초안에 대한 민관협의회 위원들의 검토의견을 반영하기 위해 노력하였다.

'금강농산의 불법 행위와 주민들의 집단 암 발병 간 역학적 관련성이 있다고 판단된다.'라는 역학조사 결과는 환경오염에 의한 비특이성 질환 피해에 대해 정부가 처음으로 인정 것이다. 역사적 의미가 매우 크다고 할 수 있다.

"충분히 묻힐 수 있는 여지가 많았다. 역학조사 기관에만 맡겼더라면 기존의 관례대로 나왔을 것이다. '건강 영향이 있지만, 관련성이 모호하다. 명확하지 않다.'라고 나올 수 있었다. 다양한 사람들이 다양한 시각에서 방향을 제시하며 계속 토론하다 보니까 좋은 성과로 이어졌다고 생각한다. 지금의 결과가 나오기까지는 분야에서 많은 분이 개입했다. 지난 이야기지만 6월에 있었던 역학조사 주민설명회 때 정말 암담했다. 보고서에 보면 인과관계가 있는 것처럼 의미부여가 됐는데, 주민설명회 때 말이 이상하게 바뀌면서 인정하기 어렵다는 형태로 환경부 사무관이 이야기하였다. 보고서 내용을 보면 그렇지 않은데 환경부 입장이 왜 저럴까? 그때 원광대 예방의학 교실에서 많은 역할을 해주셔서 정말 절묘하게 타이밍이 맞았던 것 같다. 그날을 계기로 해서 한국역학회 쪽에서 도움을 많이 받았던 것 같다.

카드뮴 하면 이따이따병. 수은 하면 미나마타병. 원인 물질이 정확히 나오면서 건강 영향성이 되는데 암이라는 것은 너무 복잡한 원인으로 메칭되다 보니까 그게 어려웠던 작업이었던 것 같다. 수은에 의한 미나마타병 같은 경우도 지금은 받아드리고 있지만, 원인을 밝히는데 엄청나게 많은 시간이 걸렸다. 처음에 미나마타병이 발병되었을 때 보건소에서 방역했다. 여러 사람한테 문제가 생기니까 가설들을 제시해가면서 원인 규명을 해보려고 했다. 그런데 여러 가지 가설을 놓고 하다 보니까 도저히 역병이라고 하는 것이 아니라는 것이었고, 여러 가지 조사를 통해 결국은 수은 중독이라고 하는 것이 밝혀지게 된 것이다. 장점마을 사태도 분야에 있던 사람들이 모여서 굉장히 다양하게 토론하고, 소통하면서 끊임없이 피드백하며 갔다는 게 성공 요인이 아닐까 생각한다."(강공언 교수)

다음은 역학조사 최종보고서 내용을 정리한 것이다.

- 사업장 및 마을 환경조사 결과, 공장 가동이 중단된 지 약 1년이 넘은 시점에서 채취한 사업장 바닥, 벽면, 원심집진기, 건조기 등 비료공장 내부와 장점마을 주택의 침전먼지에서 발암물질로 알려진 다환방향족탄화수소(PAHs)와 담배 특이니트로사민(TSNAs)이 검출, 굴뚝 잔재물, 비료 원료, 비료에서 연초박에서 배출되는 담배특이니트로사민 검출. 장점마을 내 침적먼지의 분석 결과 총 15지점에서 담배특이니트로사민 검출되었으나 대조지역 5지점은 모두 불검출
- 장점마을의 남녀 전체 암 발생률은 갑상선을 제외한 모든 암, 간암, 기타피부암, 담낭 및 담도암, 위암, 유방암, 폐암에서 전국 표준인구 집단에 비해 약 2~25배 범위
- 주요 암종의 표준화 암 발생비는 모든 암에서 남녀 전체 2.05배, 기타 피부암에서 여자 25.4배 및 남녀 전체 21.04배, 담낭 및 담도암에서 남자 16.01배 등이었고, 건강 관련 설문 조사 결과 장점마을 주민들은 대조지역 주민보다 치매와 인지기능 저하도 높게 나왔으며, 우울 증상도 심한 사람이 많은 것으로 나타남.
- (유)금강농산이 퇴비로 사용해야 할 연초박을 불법으로 유기질 비료 원료(건조공정)로 사용했고, 건조과정 중 배출되는 담배특이니트로사민과 다환방향족탄화수소가 대기 중으로 비산되어 장점마을 주민들의 건강에 영향을 준 것으로 판단
- 지역에 대한 환경오염 노출평가와 주민건강영향평가 결과를 종합 분석하여 비료공장 배출 유해물질과 주민들의 암 발생 간에 역학적 관련성이 있다는 결론
- 향후 환경부에서는 익산시와 협의하여 주민건강 관찰 및 환경개선 등 사후관리 계획을 수립 추진할 계획 《전북 익산시 함라면(장점마을) 환경오염 및 주민건강 실태조사》 최종보고회 발표 내용 중

역학조사 최종 결과에 대한 입장

장점마을 주민대책위원회와 민관협의회는 역학조사 최종발표가 끝난 뒤 입장을 발표하는 기자회견을 하였다.

최재철 주민대책위원장은 기자회견문 낭독에 앞서 잠깐 숨을 돌리며 마음을 가다듬었다. "수년간 각종 민원을 넣어도 아무 문제가 없다고 하였다. 심지어 전라북도는 금강농산에 환경우수상을 주었다. 비료공장과 행정기관을 용서할 수 없다. 주민 33명이 암에 걸려 17명이 사망했고, 16명이 투병 중이다. 주민들은 피눈물이 마를 날이 없었다."라며 마을의 참담한 상황을 말했다.

대책위와 협의회는 기자회견문에서 "환경부 역학조사 결과 장점마을 주민들의 집단 암 발병 사태에 대한 인과관계가 밝혀졌다. 역학조사에서 밝혀졌듯이 주민들이 수년 동안 환경오염으로 고통 받고, 집단으로 암에 걸린 이유는 비료제조업체인 (유)금강농산의 불법행위와 허가기관인 전라북도와 익산시의 관리·감독 소홀 때문이다."라고 하였다.

이어 "전라북도와 익산시는 비료생산업을 허가한 기관으로써 적법하게 비료를 생산하고 있는지 관리·감독을 해야 함에도 그 역할을 다하지 않았다. 물고기가 떼죽음 당하고, 주민들이 악취로 응급실에 실려 가는 사태가 발생해도 행정기관에서 돌아온 답변은 '문제가 없다.'였다." 라며 "비료제조업체의 불법행위에 대해서 제대로 관리·감독을 하지 않은 전라북도와 익산시는 주민들에게 공식으로 사과하고 배상하라"라고 촉구하였다.

KT&G에 대해서도 "장점마을 주민들의 환경 참사는 KT&G 사업장폐기물인 연초박이 원인이다."라며 "주민들의 집단 암 발병 사태에 대한 책임을 통감하고 공식 사과와 피해대책을 마련하라"라고 요구하였다.

대책위와 협의회는 "장점마을 환경오염 피해사건은 정부가 폐기물관리법과 비료관리법을 제대로 관리하지 못해 발생했다. 발암물질이 들어있는 연초박을 부산물비료(퇴비) 원료로 재활용할 수 있게 한 현행법이 불법행위 가능성을 제공했다."라고 지적하였다.

그러면서 "다시는 장점마을과 같은 환경오염 피해사건이 발생하지 않게 하기 위해서는 담배제조 부산물인 연초박을 더는 비료(퇴비) 원료 등으로 재활용하지 못하도록 법을 개정해야 한다."라며 앞으로 "마을 주민들에 대한 피해구제, 건강관리, 오염원 제거 등 사후관리에 온 힘을 다해달라. 장점마을과 같은 사태가 더는 발생하지 않도록 재발 방지대책을 마련하라"라고 촉구하였다.

역학조사 최종 결과에 대한 입장문 낭독 이후 마을 주민께서 편지글을 읽었다. 글을 써온 것은 사전에 몰랐다. 하실 말씀이 있다고 시간을 내달라고 해서 무슨 일인가 했는데 글을 써온 것이다.

우리는 KT&G에서 나오는 연초박 때문에 사람이 다 죽고 암에 걸렸다는 걸 인정받았습니다. KT&G에서는 2009년부터 2015년까지 발암물질이 나오는 연초박을 신탄진공장에서 2,242톤이란 엄청난 물량을 비료공장에 팔았습니다. 익산시는 무시무시한 발암물질이 나오는 연초박을 비료공장에 납품할 수 있도록 허가를 내주셨습니다. 그리고 환경부에서는 그런 발암물질이 나오는 것을 알면서 결과는 이상 없다고 거짓을 했습니다.

환경부에서 실태조사만 정확히 해서 발표했으면 이렇게 우리 부락 사람들 다 죽이진 않았을 겁니다. 사람 다 죽이고 암에 시달려 죽어가는 우리 불쌍한 주민들 아랑곳하지 않고 당신들 배만 채우고, 당신들만 잘살면 된다는 이 행정부를 용납할 수 없습니다. 위에는 하늘이 있고 아래는 땅이 있습니다. 그리고 당신들 가슴에는 양심이 있습니다. KT&G와 익산시 그리고 환경부에서는 모두 나와 우리 장점부락 주민들에게 용서를 빌고 책임지십시오. 억울하고 불쌍하게 고통받고 죽어간 영혼들 한 테 사과하고 암에 걸려 고통에 시달리는 사람들에게 진심으로 사과드리십시오. 그리고 보상하십시오. 가족 잃고 억울하고 불쌍하게 살아가는 우리 장점부락 주민들 2번 죽이지 마십시오. 하루라도 마음 편히 숨 쉬고 발 뻗고 살게 해주십시오. 저도 7월 1일 날 원대병원에서 종합 검사를 받았습니다. 갑상선이 의심된다고 3개월 후에 다시 검사하라고 판결을 받았습니다. 무섭습니다. 부탁드립니다. 국회의원님, 대통령님 빨리 끝내주십시오. 저는 어젯밤 이 글을 쓰면서 죽고 없는 남편이 너무 보고 싶었습니다. 돈 주고 살려올 수만 있다면 내 돈 다 주고 살려오고 싶었습니다. 저는 텅 빈 집에서 혼자 많이 울었습니다. 부탁드립니다. 하루라도 빨리 이 고통에서 벗어나게 해주십시오. (마을 주민)

편지가 끝나고 발표장은 잠시 숙연해졌다. 마지막까지 왔구나 하는 심정과 함께 마음이 많이 아팠다. 민관협의회는 기자회견이 끝난 뒤 미리 준비해간 '현행 환경법의 문제 및 개정 방향 제안서'를 환경부 과장에게 전달하였다. 민관협의회가 전달한 제안서에는 폐기물관리법, 비료관리법, 환경보건법, 환경오염피해 배상책임 및 구제에 관한 법률 개정 방향이 정리되어 있다. 인과관계성을 담은 최종발표회 때 민간협의회가 정부에 무엇을 제안해야 하는가에 대해 내부 논의가 있었다. 역학조사를 진행하면서 느꼈던 법의 허점들을 짚어주지 않으면 안 되니, 개정내용을 정리해서 전달하는 게 어떻겠냐고 의견을 모았다.

민관협의회는 제안서를 통해 법을 개정하여 연초박에 대한 재활용을 금지하고 역학조사 방해 및 회피 행위에 대해 처벌해야 한다고 주장하였다. 또한, 환경부 환경보건위원회에 역학 전문가 참여를 허용하고 환경부에 역학조사 전담기구 설치 필요성을 제기하였다.

역학조사 결과에 대한 입장발표 사진 : 주민대책위원회와 민관협의회는 역학조사 최종 결과에 대해 입장을 발표한다. 민관협의회는 역학조사 과정에서 나타난 현행 환경법률의 문제점과 개정 방향 의견서를 환경부에 전달했다.

장점마을을 집어삼킨 유해물질(PAHs, TSNAs)
마을 주택 침적먼지 시료에서 TSNAs 검출, 인과관계 증명 가능

초기에는 장점마을 집단 암 발병 원인 물질로 PAHs를 지목했었다. 공장의 제품 생산 공정을 보면서 PAHs에 의해 주민들이 집단 암에 걸렸다고 추정했었다.

금강농산 유기질비료 생산 공정을 보면 식물성 폐기물인 원료를 배합하여 펠릿 형태로 성형한 뒤 건조 과정을 거쳐 제품을 생산하는 체계로 되어있다. 금강농산은 버너 연료로 폐타이어, 벙커C유, 정제유를 사용하였다. 금강농산은 성형된 비료원료를 직화 방식으로 건조하여 유기질 비료를 생산하였다. 이때 사용한 건조 열은 380℃가 넘는다. 직화 방식의 건조공정으로 인해 비료 표면이 타는 불완전연소가 이루어졌다. 건조한 후 발생한 폐가스도 많은 양을 재사용하고 있었다. 색깔이 검고, 숯검정이 들어있는 폐수를 보면 얼마나 많은 원료가 불완전 연소상태로 처리되는지를 알 수 있다.

PAHs는 다환방향족탄화수소류다. 벤젠고리가 2개 이상인 화합물로 불완전 연소에서 발생한다고 한다. PAHs는 수백 종이 넘는데, 대표적으로 벤조피렌(Benzo(a)pyrene)은 국제암연구소(IARC)가 지정한 1급 발암물질이다.

민관협의회 위원들은 금강농산이 연초박, 피마자 등 식물성 폐기물을 비료원료로 재활용되었고, 비료 생산과정에서 불완전연소가 일어났기 때문에 당연히 PAHs를 의심했다.

국립환경과학원이 주민 청원 수용 여부를 검토하기 위해 실시한 사전조사에서 PAHs가 검출되었다. 국립환경과학원이 소류지, 비점오염원 집수조, 방지시설 처리 수를 검사한 결과 PAHs 종류인 나프탈렌(Naphthalene), 크리센(Chrysene) 등이 검출되었다.

익산시에서 시행한 예비조사에서도 가정용 지하수(21곳), 농업용 지하수(6곳) 모두에서 나프탈렌이 검출되었다. 공장에서 생산된 제품과 불량제품뿐 아니라 공장 경계 부지 옆 묵은 도랑 퇴적물에서도 벤조피렌 등 14종의 PAHs가 검출되었다. 공장 아래에 있는 소류지 저질토에서도 벤조피렌 등 14종 이상의 PAHs가 검출되었다. 그간 비료생산을 어떤 식으로 해왔는가를 여실히 보여주는 증거물이 되었다.

역학조사 기관이 소류지 저질토, 장점마을 침적먼지, 지하수, 공장 주변 소나무 잎, 마을과 공장 내 토양, 공장 건조시설 및 집진시설 등을 검사한 결과 PAHs가 검출되었다.

PAHs는 단기간 노출되었을 경우 눈과 피부 자극, 구토, 염증 반응이 나타난다. 장기간 노출이 되면 피부, 폐, 방광, 위장관의 암이나 DNA, 간과 신장 손상, 유전복제세포 손상 및 심혈관계 이상으로 인해 사망에 이르게 할 수 있다. (전북 익산시 함라면(장점마을) 환경오염 및 주민건강 실태조사. 2019. 11. 국립환경과학원)

PAHs 중 안트라센(Anthracene), 벤조피렌(Benzo(a)pyrene), 나프탈렌(Naphthalene)은 직접적인 피부 자극을 주고 안트라센(Anthracene)과 벤조피렌(Benzo(a)pyrene)은 동물과 사람에게 알레르기 피부 반응을 일으키는 원인 물질이다. 즉 피부 민감제로 알려져 있다.

PAHs는 반감기가 짧다. 6주밖에 되지 않는다. 시간이 지나면서 오염 농도가 빠르게 줄어든다. 역학조사가 공장이 멈춘 지 1년이 지난 뒤 시행되었는데도 금강농산, 장점마을에서 다종의 PAHs가 검출된 것을 보면 주민들의 피해가 얼마나 컸는지 예상할 수 있다. 하지만, 민간연구소는 시간이 많이 지난 뒤에도 다종의 PAHs가 검출되었는데「환경보건법 시행규칙 별표 1」정한 초과 발암 위해도 결과 '관찰 수준'이라고 저평가 하였다.

장점마을 주민들을 집단으로 암에 걸리게 한 대표 유해물질은 TSNAs(담배특이니트로사민)다. TSNAs는 담뱃잎에 들어있는 니코틴이 분화된 물질로 7개가 있다고 한다. TSNAs는 담뱃잎을 보관할 때도 건조 과정에서도 발생하며, 공기 중으로 배출된 니코틴이 아질산, 질소산화물, 오존과 반응하여 생성된다고 한다. 역학조사를 수행한 민간연구소는 TSNAs 중 NNN, NNK는 발암물질로 폐암, 구강암, 식도암, 췌장암, 방광암을 일으키는 물질로 학계에서 일반적으로 알려졌다고 하였다. 또한, 민관연구소는 연초박 내 TSNAs는 담뱃잎 보관 장소의 온도가 높을수록 농도가 높아진다는 외국의 연구 사례도 제시하였다.

역학조사 결과 금강농산 사업장 내 침적먼지에 대해 TSNAs 4종을 검사한 결과 NNK가 가장 높게 검출되었다. 원심집진기 내부에서도 4종 모두 높게 검출되었다. 사업장 내부에 적재된 비료 원료, 교반기, 건조기 내 비료 잔재물, 공장 벽면 침적먼지, 비점오염원 저수조, 굴뚝 잔재물, 공장 폐수 등에서도 TSNAs가 검출되었다. 공장 내 시료에서 검출 안 된 게 없을 정도였다.

역학조사에서 TSNAs가 검출되면서 금강농산이 퇴비원료로만 사용해야 할 연초박을 불법으로 유기질비료 원료로 사용했다는 것이 확인된 것이다.

마을 지붕 침적먼지에서도 TSNAs가 검출되었다. 민간연구소가 장점마을 주택 15지점들에서 침적먼지 시료를 채취하여 검사한 결과 5개 지점에서 TSNAs가 검출되었다. TSNAs 4종(NNN, NAT, NAB, NNK)을 검사한 결과 2개 지점에서 TSNAs 3종, 2개 지점에서 1종, 1개 지점에서 2종이 검출되었다. TSNAs 외 니코틴도 검사하였는데, 검사 결과 모든 시료에서 검출되었다.

장점마을 집단 암 발병 사태의 원인을 밝히는데 중대한 역할을 한 것은 마을 주택 지붕 침적먼지에서의 TSNAs 검출이라고 본다. 주택 지붕 침적먼지에서 TSNAs가 검출되지 않았다면 공장에서 고농도의 TSNAs가 검출되었어도 인과관계 증명하기 어려웠을 것이다.

TSNAs가 배출원인 공장에서 검출되었고, 피해를 본 주민들 주택에서도 검출되었기 때문에 인과관계 성립이 가능했다고 본다. 그래서 역학조사 결과 '금강농산이 퇴비 원료로만 사용해야 할 연초박을 불법으로 가열 공정이 있는 유기질 비료 원료로 사용하였으며, 허술한 방지시설 관리로 건조 과정 중 휘발되는 연초박 내 TSNAs 등 발암물질이 제대로 처리되지 않고 대기 중으로 배출되어 장점마을에 영향을 주었다.'라고 하는 결론을 내릴 수 있었다.

역학조사 연구원은 "TSNAs 검사는 모험 삼아 했다. 검사해도 안 나올 거로 생각했다. 분석한 기관에서도 안 나올 거라고 이야기했다. 혹시나 해서 검사를 했는데, 분석 결과 검출이 되었다. 공장 가동중단 후 1년이 넘어서 조사했는데 검출된 것이다. 분석기관도 신기해했다. 공기와 접촉하고 비에 희석되면 검출되기 어려운데 운 좋게도 나왔다. 공장 가동할 때 검사를 했다면 농도가 매우 높았을 것이다."라고 말했다.

이어 "대부분 옥상은 깨끗했다. 쉽게 들어갈 수 없는 곳이거나, 방수를 위해 기와 문양 함석으로 지붕을 개량한 곳, 청소가 잘 되어있지 않은 옥상에서 채취한 침적먼지 시료에서 TSNAs 검출되었다. TSNAs 검사 결과 3종이 검출된 곳은 공장 아래에 있는 주택 베란다와 마을회관 옥상이다. 공장 아래에 있는 주택 베란다는 통하는 계단이나 문이 없어

벽에 있는 창문을 너머가 시료를 채취했다. 마을회관의 경우에는 옥상을 덮은 지붕 패널을 최재철 주민대책위원장이 뜯어내고 시료를 채취했다."라고 당시 시료 채취 상황을 설명했다.

공장이 가동 중단한 지 1년 후였고, 빗물에 씻기고 바람에도 날려 가동 시기에 날아온 먼지들은 대부분 없어졌을 텐데 다행스럽게도 TSNAs가 검출되었다.

민간연구소는 2019년 6월 20일 주민설명회 발표 자료에서 TSNAs 중 NNK의 흡입 노출 초과 발암 위해도는 2009년 기준, 24시간에서 '발암성 위해 수준'이며, 나머지는 '위해 관찰 수준'이라고 하였다. NNN의 흡입 노출 초과 발암 위해도는 2009년 기준, 24시간과 연간에서 '위해 관찰 수준'이라고 하였다.

"공장 가동만 되었더라면 TSNAs가 엄청 높게 나왔을 것이다. 역학 개념으로는 잘 쓰지 못한 경향이 있긴 하지만 영향을 미쳤다고 확실하게 이야기 한 것이다. PAHs는 쓰레기를 태울 때도 나오는 물질이기 때문에 그걸로 어떻게 공장과 싸울 건가 고민을 했었다. TSNAs는 과학자들도 모르는 물질이었고, 저희도 분석하시는 분을 통해서, 정말 우연히. 마침 그분이 또 간접흡연 보건복지부의 과제를 하셨기 때문에 찾아낸 거지 일반 분석기관에 맡겼으면 정말 모르는 물질이었을 뻔했다. 전문위원들도 PAHs와 니코틴까지만 이야기했다. 니코틴에서 분화되는 TSNAs 존재는 모르셨던 것 같다. 국립환경과학원 주관 회의에서도 배출원을 PAHs를 중심으로 해서 다른 공장과 대조하여 봐야 한다고 주장하였다. TSNAs로 쉽게 발표할 걸 추가적인 조사를 한다고 시간만 너무 오래 끌었던 것 같다. 그 시간에 TSNAs를 더 연구했으면 더 좋았겠다고 하는 아쉬움이 있다."(주민건강영향조사 연구원)

환경부는 왜 인과관계 인정에 부정적이었을까

역학조사 과정에서 느낀 것이지만 환경부는 책임을 피하고자 해서 그랬는지, 이후에 발생할 파급 때문에 그랬는지 알 수 없지만, 인과관계 인정에 매우 부정적이고 소극적이었다.

역학조사 연구원 이야기를 들어보면 역학조사 결론을 내리는데 환경부 압력이 심했던 것 같다. 한국역학회 자문회의 때 민간연구소장이 말한 것이나 역학조사 최종보고서 초안 검토 회의에서 연구원이 말한 내용을 종합해 보면 환경부 실무자의 압력이 높았던 것 같다.

연구원은 "과학적인 근거로 해서 정리를 했는데 환경부는 '가능성이 있다.'라는 말로 순화시켜서 써달라고 이야기했다. '금강농산이 장점마을 집단 암 발병에 영향을 준 것으로 보여짐'이라는 결론은 과학자로서 그렇게 이야기할 수밖에 없었는데, 환경부 실무자는 영향이 있다는 그것에 관해 부담스럽다고 이야기했다. 어떻게 확실하게 이야기할 수 있냐고 문구를 고쳐달라고 했다."라고 말했다.

"환경부 담당자 압력 때문에 너무 힘들었다. 민간연구기관에 불과하여서 공격을 많이 당했다. TSNAs를 가지고도 자기네들도 잘 모르는 물질이면서 이걸로 뭐가 되겠냐는 식으로 말한 전문가들도 되게 많았다. 간담회도 많이 열렸는데, 학술적으로 공격도 많이 당했다. 왜냐하면, 사례도 없었으니까 이런 사례도 많이 없었으니까 이게 과연 가능하겠냐고 많이 말씀하셨다. 충격적인데 사례가 없으니 믿기 어렵다는 식으로 많이 말씀하셨다. 역학회에서 잘 조정을 해주셨다. 주민분들도 잘 나서 주셨다. 저희는 그냥 과학적인 근거로 사실만 담백하게 이야기를 했을 뿐인데, 역학회에서 역학적으로 잘 해석해 주셔서 결국은 환경부가 움직인 것 같다. 시간이 참 야속하다. 정말 더 대단한 결과가 나왔을 텐데, 그래도 없어져 가는 걸 잡아낸 것도 운이 좋았던 것 같다."(주민건강영향조사 연구원)

처음에 만난 환경부 사무관은 조사 과정에 함께 하면서 장점마을 상황을 많이 이해하고 있었는데, 담당 사무관이 교체되면서 환경부 태도가 완전히 바뀌어 버렸다. 교체된 사무관은 「관련성 추정」이라는 역학조사 결론을 고집하였고, 역학조사 주민설명회 발표 내용으로는 장점마을이 환경피해구제법에 따른 구제 대상도 아닌데 피해구제를 하겠다고 하였다.

다행스럽게도 이후에 피해구제과장이 업무를 맡으면서 역학조사 결과에 대한 해석도 달라졌다. 피해자 관점에서 원인을 해석하기 위해 노력을 하였다. 피해구제과장은 익산시와 장점마을을 여러 차례 방문하였고, 주민들과도 많은 대화를 하였다. 피해구제과장은 국회 토론회에 참석하여 환경부 입장과 장점마을 사후 대책에 대한 계획도 발표하는 등 이전과 다른 행정담당자의 태도에 의아하면서도 놀랐다. 역학조사 최종 결론을 정리하는 과정에서도 민관협의회의 의견을 반영하기 위해 적극적으로 소통하려고 했고, 정보공유에 신경과 노력을 많이 썼다.

역학조사 최종보고서 검토 간담회 사진 : (좌측 사진) 환경부는 간담회에서 역학조사 최종보고서 초안에 대해 민관협의회와 주민대책위원회에 의견을 요청했다. (우측 사진) 환경부와 민간연구소가 민관협의회 의견에 대해 검토된 사항을 보고하고 있다.

환경부가 인과관계의 인정에 부정적이었던 이유가 도대체 무엇인지 궁금해서 민관협의회 전문가 위원으로 참여한 두 분에게 물어봤다.

오경재 교수는 "환경부가 장점마을 환경피해 사건에 대해 인과관계를 인정하려고 하지 않은 이유는 정확하지는 않지만, 국내 최초 일이고 이것을 인정이 되면 걷잡을 수 없는 사례가 되고, 뒷일도 책임져야 하고, 책임소재도 있고 해서 그런 태도를 보이지 않았나, 추측된다. 환경부가 장점마을 환경피해 사건에 대한 인과관계를 인정한 뒤 전국적으로 영향을 주었다. 전북, 충남, 충북 등 청원이 전국적으로 올라왔다고 한다. 그 전에는 해도 안 된다고 판단해서 자포자기했는데 장점마을 이후 적극적으로 민원을 넣고 있다. 환경부는 이런 상황까지 생각한 것 같다."라고 의견을 내놓았다.

김세훈 박사는 "환경부가 이런 방식의 경험도 없었고, 지금까지 장점마을과 같이 이런 결과가 나온 곳도 없었다. 결과가 잘 나온 것도 아니다. 처음에는 잠재적 유해물질을 PAHs로 시작했다. PAHs야 가열 건조하는 곳이면 흔하게 나올 수 있는 물질이기 때문에, 이 정도 나오면 방지시설을 관리 못 해서 발생했다고 추정할 수 있다. 하지만 PAHs 측정값을 가지고 모델링을 하였는데 노출 수준이 환경보건법 시행규칙에서 정한 발암 위해도 범위에 들어가지 못하고 관찰 수준 대상 정도로 나온 것이다. 그런데 다른 곳에서는 전혀 나올 수 없는 TSNAs가 나온 것이다. TSNAs는 위해성 평가결과 발암 위해도 기준에 턱걸이를 해버렸다. TSNAs가 연초박에서 나왔는데, 장점마을 주변에 금강농산 말고는 연초박을 재활용하는 사업장도 없고, 연초박은 한곳에서 공급하는데 장점마을에서 나왔으니, 그래서 환경부가 고민에 빠졌다고 생각한다.

TSNAs는 판이 크다. 연초박 이야기 나오면 담배 문제와 연결되는데 이걸 가지고 가기에 부담이 컸을 것이다. 예측값이 높았다면 어쩔 수 없이 연관성 결론을 내렸을 것이지만 위해성 평가결과 턱걸이 수준이니 환경부가 확실한 인과관계를 인정하지 않으려고 한 것 같다."라고 말한다.

민관협의회 위원 인터뷰

Q. 민관협의회 위원으로 활동을 하면서 가장 보람된 순간은?

강공언
"유기질 비료공장과 지역주민 발암 문제의 인과성에 대한 정부(환경부)의 인정이다. 이것은 지역주민, 지역사회단체와 활동가, 언론 및 행정기관, 정치인, 법조인, 관련 전문가 등이 참여한 인적 네트워크 구성과 팀워크(teamwork)로 인해 가능했다고 본다. 국내 환경보건학적 관점에서 매우 의미 있는 성과 도출이다."

김세훈
"극적으로 역학적 연관성이라는 결정 소식을 들었던 때가 가장 좋았다. 펄쩍펄쩍 뛸 뻔했다. 얼마나 기다리던 소식이었고, 이해할 수 없는 사전 예비결론으로, 인간에 대한 믿음뿐 아니라 사회에 대한 남은 신뢰조차 사라질 것 같은 막막한 시간을 보내면서 한가득 희망이랄까 위원들을 만나면서 했던 말, 흔들림 속에 되뇌었던 말, 진인사대천명이었다. 그 순간에도 이 말이 떠올랐다."

오경재
"환경성 질병의 역사에서 최초의 비특이적 인과성을 인정한 환경부 공문을 받아보았던 순간이 가장 기억에 남는다."

권태홍
"민 측 위원들이 고비 고비마다 고유의 전문분야에서 장점을 발휘해서 사태 원인을 규명해온 모든 과정이 보람된 순간들이다. 아무 물적 대가 없이 헌신해준 민측 위원들에게 깊은 신뢰와 감사의 마음을 가지고 있으며, 그런 활동의 결과로서 인과관계가 있음을 정부가 공식 인정하던 순간이 가장 보람된 순간으로 기억하고 있다. 장점마을 해결의 큰 분수령이고, 이후 비특이성 환경 질환에 대한 대처에 있어서 새로운 정책전환의 큰 계기가 될 것이라는 점에서 의미가 너무 크다."

김승철

"두말할 필요 없이 역학조사 결과가 중간발표 이후에 오리무중으로 흘러 뻔했는데 한국역학회 이의 제기로 장점마을의 암 발병 원인과 결과가 명확하게 규명되었던 때가 가장 보람된 순간이었다."

홍정훈

"민관협의회 활동을 하면서 국가가 장점마을의 암발생과 환경오염 사이의 역학적 인과관계를 인정하고 총리가 사과를 한 순간이 가장 보람이 되었다. 건강역학조사에서 연초박 등이 불법으로 처리된 내역이 드러나고 감사원 감사에서 익산시 공무원들이 정기 점점조차 하지 않은 것이 드러나 원인이 밝혀졌을 때 보람을 느꼈다."

Q. 민관협의회 위원으로 활동을 하면서 가장 불편했던 점은?

강공언

"유기질 비료공장으로 인해 지역주민들의 피해 발생에 이르기까지 사업장에 대한 관리·감독 책임이 있는 행정에서 원인 규명 및 문제 해결에 대해 소극적 대응과 초기 인식이 부족했다. 비료공장과 인근 지역주민들과의 인과관계 규명과 피해보상에 이르기까지는 긴 시간과 노력이 요구되는데, 이 과정에서 지역주민들 간에 갈등이나 다툼이 발생하여 불편했다."

김세훈

"마을 지원과정에서 주민과의 관계는 나쁘지 않았다. 마을 주민 개개인과 항상 밝게 웃고 만나는 관계를 유지해왔다. 그들이 그간 환경피해과정에서 힘겹게 겪은 고초를 잘 이해하기에 사사로운 감정으로 대응하면 안 된다는 걸 알고 있었다. 다만 장점마을 문제가 환경적 이슈를 넘어 지역뿐 아니라 전국적인 이슈가 된 후 마을 내 일부 사람들과 대책위원장과의 관계가 악화되면서 잦은 소문으로 마을 이미지가 훼손되는 과정을 보는 것이 가장 불편했던 것 같다."

오경재

"환경성 질병 및 역학조사에 대한 전반적인 이해가 부족했던 것 같다. 환경오염 문제의 인과관계를 설명할 수 있는 직접 지표 산출의 어려움과 간접지표 개발 및 적용에 대한 공감대 형성이 매우 어려웠다.

환경성 질병 발생 예방과 사후 피해를 최소화하기 위해서는 사전적 감시체계와 제도적 관리체계 하에 사람 중심의 적극적, 능동적, 선제적 업무 수행이 무엇보다 중요한데 장점마을과 관련된 중앙정부나 지자체의 행정은 모두 소극적, 방어적, 사후적 관리에 의한 책임 회피에 방점을 두는 것 같아 아쉬움이 크게 다가온다.

인과관계 인정 후 예방, 감시, 관리 등 장기 추적 조사의 필요성에 대한 공유도 미흡했다. 정부 차원의 공식적인 사후관리 및 보상에 대한 체계적 대안 마련도 실패했으며, 포괄적 종합대책 논의 및 사안별 구체화 작업도 시도조차 하지 못했다. 역학조사는 끝이 아니라 시작일 뿐인데, 환경성 질병 관련 상시 감시체계 확립, 환경복원, 역학조사 전문기관의 정부 산하 설치 논의 부재, 역학 및 소통 전문가 발굴 또는 양성 대책도 실패하였다. 사후 보상보다 사람 기준 또는 우선하는 종합대책을 마련해야 하는데 그렇지 못했다.

장점마을 사례의 역사적 의미와 가치가 한낱 금전적 사후 보상문제로 모두 덮여 버린 것에 대한 아쉬움이 있다. 사후관리에서 보상문제가 공동체 분열의 단초가 될 수도 있는 상황으로 전개되면서 장점마을 주민들의 공동체 회복을 위해 참여한 의미가 퇴색한 데 대한 인간적 애석함이 있다."

권태홍

"힘든 점과 중복되는 얘기이지만 변하지 않는 행정의 태도가 계속 불편했었고, 공무원으로서 본분을 성찰하고 주민의 입장에서 고민하는 태도의 변화를 진심으로 계속 기대했지만 그렇지 못함을 확인할 때 마음이 많이 불편했다. 환경부도 담당자가 바뀌기 전에는 더하면 더했지 덜하지 않은 상식 이하의 태도에 매우 불편했지만, 담당자 바뀌면서 그나마 상식선의 결론을 함께 도출할 수 있었음에 큰 다행이라고 생각한다.

겉으로 드러낼 수도 없는 문제였지만 주민들 내부의 불신과 불화가 가장 걱정스럽고 불편했던 문제였다. 어려운 투쟁 과정에 주민들 내부의 전열이 무너진다면 민관협의회 활동 자체가 의미를 갖기가 어려운 현실에서 아슬아슬할 때가 한 두 번이 아니었다. 그나마 주민 추천 민관협의회 위원들에 대한 신뢰가 주민 불신과 갈등의 문제가 더 크게 불거지지 않도록 한 중요한 요소가 되었다는 점이 중요하다고 생각한다. 어려운 투쟁인 만큼 신뢰의 힘이 약했다면 큰 위기가 여러 번 있었을 것이라고 생각한다."

김승철

"우선은 처음 만났던 환경부 관계자들의 고압적인 태도와 행동이 가장 불편했다. 자신들이 이 문제를 해결할 수도 반대로 덮을 수도 있다는 식의 발언과 직접 보여 주지는 않았지만 무시하는 행동들이 역시 관료주의 끝판왕이었다.

그리고 익산시 행정담당자들도 앞에서는 우리의 주장과 주민들의 입장을 이해하는 것처럼 하면서도 실상은 자신들의 규정대로 행동하고 결정할 때가 가장 불편했다. 주민들과의 관계에서는 주민들이 일관된 행동과 하나 됨을 보여 주어야 하는데 분열되어 불편했다."

홍정훈

"익산시의 무책임한 태도와 공무원들의 보신주의 태도와 마주칠 때 절망감을 느꼈고 그 때 가장 불편했다."

제7장

정부의 사과

장점마을 주민들이 비료공장 진입로 입구에서 영정사진을 들고 정세균 국무총리가 공장 방문을 마치고 내려오길 기다리고 있다. (사진 : 정윤선 작가)

익산시장, 국무총리, 전라북도지사 사과

환경부가 역학조사 최종 결과를 발표하자 익산시장, 전라북도지사, 국무총리가 사과하였다. 전라북도지사는 장점마을 사건이 언론에 헤아릴 수 없을 만큼 보도가 많이 되었어도 방문한 적이 없었는데, 역학조사가 발표되자 방문하여 사과하였다. 환경부가 2019년 6월 20일 관련성 추정이라는 결론을 내렸을 때는 아무도 관심이 없었다.

역학조사 최종 결과가 발표 후 정헌율 익산시장이 가장 먼저 사과하였다. 아래 내용은 정헌율 시장 사과 관련 보도기사다.

> 정헌율 전북 익산시장이 집단 암 발병으로 고통을 받아온 장점마을 주민들에게 공식 사과하고, 재발 방지대책 마련을 약속했다. 중국 출장 중인 정 시장은 14일 장점마을 주민들의 암 발병과 비료공장 간 인과관계가 성립된다는 환경부의 최종발표에 따라 주민들에게 사과를 전했다. 이어 앞서 진행된 감사원의 감사 결과에 따라 관련 책임자를 엄중 문책하고 추후 이러한 일이 발생하지 않도록 철저한 관리 · 감독과 지도 · 점검에 나서겠다고 밝혔다. 아울러 오랫동안 고통받아온 주민들의 피해회복을 위한 지원에도 적극 나서겠다고 덧붙였다. 시는 기존의 비료공장 부지를 매입해 친환경 공간으로 탈바꿈시키고 친환경시범마을을 조성한다는 계획이다. 특히 장점마을 내 침적먼지 제거, 농 배수로 준설, 주거환경 정화작업을 통해 실질적인 생활환경 개선작업을 추진하며 관련 질환 모니터링, 우울감 등 심리적 불안감을 느끼는 주민들을 대상으로 한 상담 치료 등을 할 예정이다. 시 관계자는 "그동안 암 발병으로 고통받아온 주민들에게 사과의 말씀을 전한다"며 "앞으로 장점마을과 같은 사태가 발생하지 않도록 재발 방지대책을 적극적으로 추진하는 데 최선을 다하겠다"고 전했다. 《뉴시스》. 2019. 11. 14.

이낙연 국무총리도 사과하였다. 이 총리는 국무회의에서 모두발언을 통해 주민들에게 사과하고 재발방지대책도 당부했다. 아래 내용은 이 총리 사과 관련 기사다.

이낙연 국무총리는 27일 전북 익산시 장점마을의 집단 암 발병과 관련해 "역대 정부를 대신해 주민과 국민 여러분께 엄중히 사과드린다"고 밝혔다.

이 총리는 이날 오전 정부서울청사에서 열린 국무회의에서 모두발언을 통해 "참으로 안타깝고 부끄럽다. 역대 정부가 책임을 이행하지 못했다"며 이같이 말했다.

환경부는 지난 14일 전북 익산 장점마을 인근의 비료공장에서 배출된 유해물질이 주민들의 암 발생과 관련이 있다고 발표했다.

이 총리는 "해당 비료공장은 2001년 설립됐고 2017년 4월 폐업했다"며 "비료공장이 운영되는 동안 주민들은 여러 차례 지자체에 건강피해를 호소했으나 주민들의 요구는 너무 늦게 수용됐다"고 말했다.

이어 "문재인 정부 출범 직후인 2017년 7월에야 환경부가 주민건강영향조사를 시작했다"며 "주민 99명 가운데 22명이 암에 걸렸고 그 가운데 14명이 돌아가신 뒤였다"고 설명했다.

이 총리는 이와 관련해 "환경부와 지자체를 포함한 관계기관은 전국의 공장과 소각장 인근 마을 등 환경오염에 취약한 시설을 신속히 조사하라"며 "주민 건강에 문제가 생겼거나 생길 우려가 있는 지역은 선제적으로 건강영향을 조사하고 환경개선 등 필요한 조치를 취하라"고 지시했다.

또한 "주민건강영향조사의 제도적 틀을 바꿔야 한다"며 "지금까지 처럼 주민들이 피해를 호소할 때까지 기다려서는 안 된다. 유해물질 배출 등으로 주민건강의 피해가 우려되는 지역을 직접 찾아 조사하고, 피해 예방조치 등을 취하도록 관계 법령과 절차를 조속히 개정하라"고 당부했다.《연합뉴스》. 2019. 11. 27.

역학조사 최종 결과 발표 후 한 달 정도 지나 송하진 도지사가 비료공장과 마을을 방문하였다. 그동안 주민들은 여러 경로를 통해 도지사가 주민들이 다 죽어가는데 방문도 한 번 않는다고 토로했었다. 전라북도는 도민들의 환경 보건을 책임지는 행정기관이고, 2008년까지는 금강농산 비료생산업 인허가와 관리·감독 기관이었다. 장점마을 환경피해 사건이 언론에 헤아릴 수 없을 정도로 많이 보도되었는데도 방문이 없었다는 것은 이해하기 힘들다. 도지사가 장점마을을 방문하여 사과하면서 발표한 12개 지원 사업은 주민들과 사전 교감이 있었다. 도지사 방문 전에 마을에 전라북도 환경녹지국에서 국장, 과장, 주무관이 방문하여 주민들과 간담회를 했었다. 초기 위로 방문 때를 놓치다 보니 최종결론 후 방문은 그만큼 어렵고 힘든 만시지탄이 될 수밖에 없었다. 아래 내용은 송 지사 사과 관련 기사다.

> 송하진 전북도지사가 12일 '암 집단발병'으로 고통을 받아온 익산 장점마을을 찾아 공식 사과했다. 송하진 지사는 또 마을 지붕과 집안 내 오염먼지 등 발암물질 제거를 비롯해 장점마을 농산물 수매, 장점마을 주민복지센터 지원 등 186억 원 규모의 12개 주민지원 사업을 발표했다.
> 송 지사는 "도의 환경정책을 사후관리에서 사전 예방관리로 전환하고 환경오염물질 배출사업장에 대해서는 환경조사를 추진하고 피해 예상지역에 대해서는 주민건강조사도 실시하겠다고 말했다. 아울러 환경분쟁 예방 태스크포스팀을 구성해 민원 발생 시 신속한 대응체계를 마련할 수 있도록 하겠다고 언급하고 이번 사태의 원인인 연초박이 전북에 반입되지 않도록 철저히 차단할 것"이라고 말했다. 장점마을 집단 암 발병과 관련해 도지사가 직접 현장을 찾아 주민들에게 사과를 한 것은 이번이 처음이다.
> 《노컷뉴스》, 2019. 12. 13.

정세균 국무총리 비료공장 방문

2020년 11월 24일 오후에 정세균 국무총리가 비료공장을 방문하였다. 코로나 19사태로 인해 마을은 가지 못하고 공장만 방문하였다. 총리가 마을 방문을 할 수 없게 되자, 주민들은 암으로 사망한 분들의 영정사진과 피켓을 들고 공장 진입로에 서 있었다. 주민들은 공장을 방문하는 국무총리에게 장점마을 문제를 해결해 달라고 외쳤다.

장점마을 주민들이 영정사진을 들고 비료공장 진입로에서 정세균 총리를 기다리고 있다.
(사진 촬영 정윤선 작가)

총리가 방문하는 자리는 코로나 19로 인해 참여 인원을 제한하였다. 마을 대표로 최재철 주민대책위원장, 이장, 주민 2명이 참석하였다. 민관협의회는 김승철 위원장과 손문선 위원이 참석하였다. 마을 사람들 모두가 공장에 올라가 총리에게 억울함을 호소하고 싶었지만, 인원 제한으로 함께할 수 없었다. 익산시장, 전라북도지사, 환경부 차관, 국회의원, 익산시의회 의장도 총리 방문 자리에 함께했다.

익산시장은 장점마을 사태 원인 및 해결 과정을 총리에게 보고하였다. 보고를 마친 시장은 총리에게 공장 용지에 '국립환경치유회복센터'를 건립해 줄 것을 건의하였다. 정 총리는 시장의 보고와 건의를 들은 뒤 참석 주민들에게 사과와 위로의 말을 하였다. 정 총리는 주민들의 고통을 가늠하기 어려워 개인적으로 무척 안타깝고 유감이라고 하였다. 정부가 도울 수 있는 일이 있는지 찾아보도록 하겠다고 약속하였다.

　정 총리 발언이 끝난 뒤 최재철 위원장은 환경피해 과정에서 보여준 행정기관의 태도를 비판하는 발언을 하였다. 최 위원장은 연초박을 배출한 KT&G와 비료관리법을 잘 못 관리한 농진청이 마을 사태에 대해 책임져야 한다고 하였다. 또 주민들이 제기한 배상소송에 대해 서울의 대형 법무법인 변호사를 선임하여 대응하고 있는 익산시와 전라북도 태도에 대해 강하게 비판하였다. 최 위원장은 정 총리에게 정부가 나서서 민사조정을 중재해 달라고 요청하였다.

　자리에 함께한 김수흥 국회의원은 발언을 통해 총리 방문으로 장점마을 치유와 회복이 비로소 시작되었다고 하였다. 민사조정의 원만한 해결과 장점마을 치유회복센터 건립에 국비를 지원해 줄 것을 건의하였다.

　참석자 발언이 끝난 뒤 민관협의회 김승철 위원장과 손문선 위원은 사전에 준비해 간 건의문을 국무총리에게 전달하였다.

　정 총리는 공장 안도 둘러봤다. 공장 입구에 걸려있는 피해사망자 현수막을 한참 동안 바라본 뒤 공장으로 들어가 내부를 살펴봤다. 정 총리는 일정을 마치고 가는 길에 차에서 내려 공장 진입로에 모여 있는 주민들을 만나 위로하였다.

정세균 국무총리 방문 사진 : 정세균 국무총리가 비료공장을 방문하였다. 정 총리는 주민들에게 사과와 위로를 하였다. 민관협의회는 정 총리에게 미리 준비해간 건의문을 전달하였다.

다음은 장점마을 주민대책위원회와 민관협의회가 정세균 총리께 전달한 건의문 내용이다.

1. 구)금강농산 부지에 국립환경박물관을 건립해 주시길 건의 드립니다.
 구)금강농산은 환경오염물질을 17년 동안 배출한 업체로 주민들에게 집단 암이라는 환경피해를 준 곳입니다. 주민들은 비료공장만 보면 정신적 고통이 되살아납니다. 공장부지는 주민들의 환경피해와 투쟁의 역사를 기억하고 치유와 복원의 공간이 되어야 합니다. 장점마을 주민들과 민관협의회는 구)금강농산 부지를 포함하여 주변 지역에 장점마을 환경피해 기억관, 국내 환경피해 사례 전시관, 국외 환경피해 사례 전시관, 환경교육관 등으로 구성된 국내 최초 국립환경박물관이 건립되길 진심으로 바라고 있습니다.

2. 주민들이 익산시와 전라북도를 상대로 제기한 손해배상소송 관련 민사조정 신청에 정부의 적극적 중재를 건의 드립니다.
 주민들은 건강피해에 대해 보상받을 길이 없어 전라북도와 익산시를 상대로 손해배상청구소송 제기에 앞서 민사조정신청서를 전주지방법원에 제출하였습니다. 역학조사와 감사원 감사 결과 주민들의 건강 피해에 대한 행정기관의 책임이 드러났습니다. 주민들이 소송을 제기한 것은 다수의 주민이 암에 걸려 사망하거나 투병하고 있는데 소송 말고는 피해배상을 받을 길이 없기 때문입니다. 또한, 환경피해 사태의 재발 방지를 위해서도 인허가와 관리 감독기관의 책임을 물어야 하기 때문입니다. 하지만 주민들의 손해배상소송에 익산시와 전라북도는 대형법률사무소 소속 변호사를 선임하였습니다. 인과관계 인정 후에 전라북도지사와 익산시장이 주민들에게 보여준 모습은 온데간데없고 고령의 주민들에게 장기간의 법적 다툼만 예고하고 있습니다. 전라북도지사와 익산시장이 주민들에게 한 사과와 약속은 주민들 고통에 전혀 공감이 없으면서 책임을 순간 회피하기 위한 것이었습니다. 정부에서 적극적으로 나서 주민들이 소송을 조속히 마무리하고 일상생활로 돌아갈 수 있도록 해주시길 진심으로 바랍니다.

3. 정부에서 관련 법을 개정하여 구제 급여를 현실화해주시길 건의 드립니다.

환경오염에 대한 피해에 대해 인과관계가 추정되면 「환경오염피해 배상책임 및 구제에 관한 법률」에 의거 오염물질을 배출한 사업자가 배상 책임이 있지만, 법 제23조 제1항1호에 따라 사업자가 파산하여 무자력자인 경우 환경부에서 구제를 위한 급여를 지급할 수 있습니다. 하지만 법에서 정한 급여의 항목과 수준이 현실 상황과 괴리가 커 피해 주민들이 배상을 받기 위해 손해배상소송을 선택할 수밖에 없습니다. 주민들이 환경피해를 본 것도 억울한 상황에서 배상을 받기 위해 소송까지 해야 하는 것은 너무 가혹한 것으로 정부에서 관련법을 개정하여 구제 급여를 현실화해야 합니다.

4. 주민 거주지역과 일정 거리에 있는 공장시설에 대한 배출시설 관리를 강화해주시길 건의 드립니다.

주민 거주지역과 일정 거리 지역에 허가된 대기배출시설이 있는 공장에 대한 관리 규정을 강화해야 합니다. 일반대기오염물질에서 그치는 것이 아니라 특정대기위해물질, 발암물질까지 검사할 수 있도록 배출시설 관리를 강화해야 합니다.

5. 부산물비료(퇴비)와 유기질비료 원료에 대한 사전 유해성 검사를 의무화해주시길 건의 드립니다.

"장점마을 환경피해 사건의 대표적 원인은 퇴비원료인 연초박을 건조공정이 있는 유기질비료 원료로 사용했기 때문입니다. 농진청은 연초박에 대한 유해성 실험도 없이 비료 공정규격에 의거 퇴비원료로 사용을 허용했습니다. 장점마을과 같은 환경피해 사건이 재발하지 않기 위해서는 퇴비와 유기질비료 제조에 사용되는 원료에 대해 반드시 사전 유해성 실험을 의무화해야 합니다." – 익산 장점마을 환경비상대책 민관협의회 건의문 중

제 8 장

원인은 연초박

금강농산은 수년 동안 연초박을 비료원료로 사용하였다. (사진 출처 : 익산시 2010. 3. 4.)

원인은 연초박

지금도 농촌에 가보면 담뱃잎 농사를 짓고 있다. 농촌 출신이라면 담뱃잎에 대한 추억은 다 가지고 있을 것이다. 여름철이면 밭에서 따온 담뱃잎을 크기별로 나누고 길게 엮어 건조장에 말리는 장면을 본 적이 있을 것이다. 담뱃잎은 살충 효과가 있다고 한다. 담뱃잎에 들어있는 니코틴은 해충 방제 효과가 있다고 알려져 있다. 담뱃잎으로 만든 퇴비나 비료를 사용하면 곰팡이나 해충이 생기지 않는다고 한다. 심지어 쥐들도 오지 않는다고 한다. 이러한 효과 때문에 부산물비료 원료로 담뱃잎 찌꺼기인 연초박을 많이 사용한 것 같다.

금강농산은 부산물비료(퇴비)와 유기질비료(유박비료)를 생산한 업체다. 금강농산이 신고한 부산물비료 공정은 식물성 폐기물인 폐사료, 연초박, 전분박, 당박, 장류박을 분쇄하여 혼합한 뒤 교반(부숙) 과정을 거쳐 선별, 포장하는 것으로 되어있다. 유기질비료 생산 공정은 주정박, 전분박, 당박, 피마자박, 미강박 등 식물성 폐기물을 발생한 폐수를 재활용하여 배합한 뒤 조립(성형), 건조, 냉각, 포장하는 것으로 되어있다.

퇴비인 부산물비료는 부숙 과정을 거쳐 제품을 생산하지만, 유박을 원료로 한 유기질비료는 고열로 건조하는 과정이 있다. 금강농산 유기질비료를 사용한 경험이 있는 주민들의 이야기에 따르면 고열로 건조된 유박은 다른 회사 제품보다 강도가 단단하다고 한다. 밭에 뿌리면 토양에 전부 흡수되기까지 오랜 시간이 걸린다고 한다. 금강농산 유박은 과수원에서 인기가 있었다. 과수원에 금강농산 유박을 뿌리면 해충이 달라붙지 않았다고 한다. 금강농산 유박이 해충 방제 효과가 있었던 것은 안에 연초박이 들어있기 때문이라고 본다.

금강농산에서 사용한 폐기물 중 문제를 일으킨 것은 연초박이었다. 금강농산은 퇴비로만 사용해야 할 연초박을 불법으로 가열 공정이 있는 유기질비료 원료로 사용하였다. 역학조사 기관이 조사한 자료에 의하면 전국 13곳 사업장에서 연초박을 사용하였지만, 금강농산과 같이 한 공장시설에서 퇴비와 유기질비료를 생산하는 곳은 없었다. 금강농산을 제외한 나머지 사업장은 퇴비만 생산하는 곳이었다. 공장을 방문했을 때 이해가 안 간 것은 한 공장건물에서 퇴비와 유기질비료 생산 허가를 받은 것이다.

역학조사 과정에서 연초박 이야기는 많이 나왔다. 언론에서도 금강농산 연초박 사용문제에 대해서 보도를 많이 했다. 초기에 주민들은 피마자박에 관심을 가졌다. 피마자박에 청산가리보다 6,000배 독성이 있는 리신(Ricin - 실제 발음은 라이신에 가까움.)이 들어있다고 해서 주민들은 리신에 의해 피해를 보았다고 생각을 했다. 민간연구소가 잠재적 유해물질로 PAHs와 TSNAs를 설정하면서 조사 물질에서 빠졌지만 피마자박에서 배출되는 리신에 관심이 많았던 적이 있다. 농진청 고시 「비료 공정규격 설정 및 지정」을 보면 리신은 유해성분 기준도 정해져 있다. 아주까리 유박을 원료로 사용할 경우 포장지에 적색으로 '개, 고양이 등이 먹을 경우 폐사할 수 있습니다. 어린이 손에 닿는 곳에 놓거나 보관하지 마세요.'를 표기하게 되어있다.

연초박에 대해서 문제의식은 가지고 있었지만, 주민들에게 집단 암을 일으킨 물질인지는 몰랐다. 유해물질이 발생했다면 니코틴 정도라고 생각했다. 금강농산이 수년 동안 많은 양의 연초박을 사용한 것은 알고 있었지만, 피해를 봤다면 흡연에 노출된 수준이라고 생각했다. TSNAs에 대해서는 역학조사 중간보고회 때 처음 들어봤다. TSNAs가 니코틴이 95%인 담뱃잎에서 생성되고, 1군 발암물질이라는 것도 그때 처음 알게 되었다. 민간연구소가 TSNAs를 검출해낸 건 대단한 성과라고 본다.

연초박은 담배를 제조하는 과정에서 발생한 부산물이다. 연초박은 「폐기물관리법 시행규칙 별표4의 3」에 의거 재활용이 가능한 폐기물로 되어있다. 연초박은 식물성 부산물로 비료관리법 제4조에 의한 농진청 고시 「비료 공정규격 설정 및 지정」 별표 5에 따라 퇴비 원료로 사용할 수 있다. 연초박은 담배 제조창에서 발생한 사업장폐기물로 자격을 갖춘 폐기물 재활용업체에 위탁 처리할 수 있다.

2008년까지 비료생산업 인허가 권한은 전라북도에 있었으며, 2009년부터는 익산시로 그 권한이 넘어왔다.

전라북도와 익산시가 승인한 금강농산 폐기물 재활용 인허가와 비료 생산업 변경 신고 사항을 보면, 연초박은 2006년에 처음 등장한다. 2006년 12월 19일 전라북도는 금강농산이 퇴비 원료로 연초박을 사용하겠다고 하는 신고를 수리한다. 다음 해 1월 9일 익산시는 금강농산이 폐기물인 연초박을 재활용한다고 제출한 신고를 수리한다. 당시 금강농산이 제출한 신고 사항을 보면 KT&G 광주제조창에서 년 1,152톤을 수집하여 퇴비 원료로 재활용한다고 되어있다.

2006년 3월 금강농산이 KT&G 광주지사에 제출한 연초박 매입 견적서를 보면 kg당 10원(부가세 별도)으로 되어있다. KT&G가 돈을 받고 연초박을 금강농산에 처리 위탁하였음을 알 수 있다. 즉 폐기물인 연초박을 비용을 주고 위탁 처리한 게 아니라 퇴비원료로 비료생산업체에 돈을 받고 판매한 것이다.

2007년 7월 KT&G 신탄진제조창장이 발급한 수탁처리능력확인서를 보면 수탁자인 금강농산이 연초박 처리가 가능한 업체라고 되어있다. 위탁량은 년 1,700톤이라고 기록되어있다.

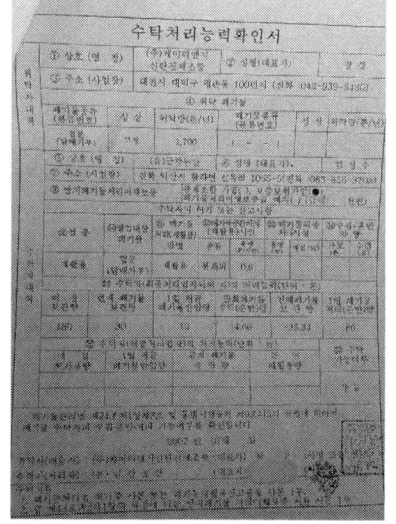 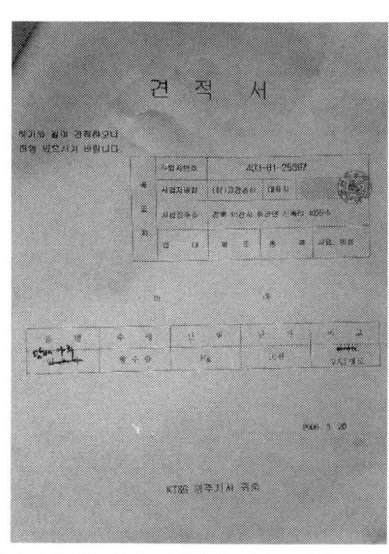

(좌측 사진) 수탁처리능력확인서 : ㈜KT&G 신탄진제조창에서 폐기물관리법 규정에 의거 발급한 연초박(담배가루) 수탁처리능력확인서.
(우측 사진) 견적서 : 금강농산이 작성한 연초박 매입 견적서

역학조사를 시행한 민간연구소가 환경부 올바로시스템을 통해 확인한 결과 금강농산은 2009년에서 2015년까지 KT&G에서 연초박을 2,242톤 반입하였다. 감사원도 감사보고서에서 금강농산이 2008년부터 2015년까지 연초박을 2,420톤 반입하였다고 하였다.

연초박 운반 작업(2010. 3. 4. 익산시 촬영) : 환경부 청원서 첨부 사진
익산시는 일찍부터 금강농산의 연초박 사용을 알고 있었다.

금강농산 퇴비 생산 시설 : 퇴비를 생산한 흔적이 없다.

KT&G 책임촉구, 연초박 처리 관련 수사 촉구

환경부 역학조사 결과를 보면 장점마을 주민들이 집단으로 암에 걸리게 된 가장 큰 원인은 연초박의 불법 사용 때문이었다. 즉, 금강농산은 비료관리법에 따라 퇴비로만 사용해야 할 연초박을 건조공정이 있는 유기질비료 원료로 사용하였다. 유기질비료를 건조하는 과정에서 국제암연구소가 지정한 1군 발암물질인 TSNAs가 배출되었던 것이다.

환경부 역학조사 결과를 보면 금강농산은 2009년부터 2015년까지 2,242톤의 연초박을 비료 원료로 사용하였다. 2009년에는 ㈜KT&G에서 배출한 연초박을 독점적으로 처리하였다. 금강농산이 익산시에 제출한 폐기물 재활용 실적 보고 내용을 보면 2009년 ㈜KT&G 신탄진제조창에서 연초박을 943.24톤 수탁받았는데 부산물퇴비를 제조하여 판매한 실적은 2.44톤이며, 0.15톤을 보관하고 있다고 하였다. 2015년에는 ㈜KT&G 신탄진제조창에서 53.83톤을 수탁 받아 처리하였는데, 전량 유기질비료 원료로 사용하였다고 하였다. 나머지 연초박은 도대체 어디에다 사용한 것일까? 정말 유기질비료로 사용한 것일까 라는 의문을 가지지 않을 수 없었다. 이처럼 금강농산이 익산시에 연초박 불법 사용을 시인하는 폐기물 재활용 실적 보고를 했는데도 익산시가 왜 적발하지 않았는지 이해가 되지 않는다.

표2. (유)금강농산 폐기물 실적 보고 현황 비교

연도	폐기물	위탁 업소명	폐기물 수집·운반 또는 재활용 내용				재활용제품(중간가공폐기물) 판매 및 보관 내용		
			수탁양 (톤/년)	재활용량 (톤/년)	이월양 (톤/년)	보관량	재활용 제품명	판매량 (톤/년)	보관량 (톤/년)
2009년	㈜식물성 잔재물	㈜케이티 엔지신탄 진제조창	943.24	943.24	0.00	0.00	부산물 퇴비	2.44	0.15
	㈜공정오니 (일반)	매일식품(주)	1,677.74	1,677.74	0.00	0.00	혼합 유기질	10.92	0.15
	㈜그밖의 폐기물	매일식품(주)	186.87	174.52	12.35	0.00	혼합 유기질	7.28	0.10
	㈜그밖의 동식물 잔재물	매일식품(주)	66.04	66.04	0.00	0.00	3종복합 비료	0.93	0.00
	㈜동식물 성잔재물	신송산업(주)	944.25	906.33	0.00	37.92	3종복합 비료	0.62	0.00
	㈜식물성 잔재물	대상(주) 군산전분 당공장	779.85	745.71	0.00	34.14	–	–	–
2015년	㈜식물성 잔재물	㈜케이티 엔지신탄 진제조창	53.83	53.83	0.00	0.00	유기질 비료	26,000.00	0.00
	㈜식물성 잔재물	남양유업 (주)나주 공장	4,033.97	4,101.79	67.82	0.00			
	㈜식물성 잔재물	대상(주) 전분당	4,378.55	4,242.09	136.46	0.00			
	㈜식물성 잔재물	매일식품(주)	404.74	404.74	0.00	0.00			

자료 출처 : 《전북 익산시 함라면(장점마을) 환경오염 및 주민건강 실태조사》국립환경과학원 2019. 11. 14.

감사원 감사보고서를 보면 금강농산은 2008년부터 2015년까지 ㈜ KT&G로부터 연초박 2,420톤을 퇴비원료로 반입하였다. 금강농산은

2014년에만 연초박 68톤을 퇴비 생산에 사용하였다. 나머지는 허가받지 않은 유기질비료 원료로 사용하였다.

표3. (유)금강농산 연도별 연초박 반입 현황(톤, %)

구분	2008년	2009년	2010년	2011년	2012년	2013년	2014년	2015년	계
반입량	178	943	651	−	200	223	171	54	2,420
총량 대비 비율	7.36	38.97	26.9	−	8.26	9.21	7.07	2.23	100

* 익산시 제출 자료 감사원이 재구성
자료 출처 : 《익산 장점마을 집단 암 발생 사건 관련 지도·감독 실태 감사보고서》감사원 2020.7.

환경부 역학조사 중간보고 결과 금강농산의 불법행위로 연초박에 들어있는 1군 발암물질인 TSNAs가 배출된 것이 밝혀졌다. 2019년 1월 30일 주민대책위원회와 민관협의회 위원들은 전북도청에서 KT&G의 책임을 촉구하는 기자회견을 하였다.

대책위와 협의회는 기자회견에서 "'전북 익산시 함라면(장점마을) 환경오염 및 주민건강 실태조사' 중간보고 내용을 보면 신탄진공장에서 2009년부터 2015년까지 2,242톤이 반입되었고, KT&G의 자료에도 신탄진공장에서 647.8톤, 광주공장에서 177.5톤을 위탁 처리한 것으로 확인되었다."라고 하였다.

대책위와 협의회는 "정부 역학조사를 보면 익산 장점마을 주민들의 집단 암 발생 원인의 환경오염물질로 PAHs(다환방향족탄화수소)와 TSNAs(담배특이니트로사민)를 주목하고 있다."라면서 "TSNAs는 폐암, 구강암, 식도암, 췌장암, 방광암을 일으키며 국제암연구소(IARC)에서 지정한 1군 발암물질이다. TSNAs는 담뱃잎 건조과정에서 발생하며, 고온 상태에서 연소나 건조되었을 때는 발생량이 급증한다. 연초박은 담배를 만드는 과정에서 나온 담뱃잎과 기타 첨가제들이 섞여 있는 찌꺼기로 담배와 성분이 거의 같다."라고 설명했다.

또한 "㈜금강농산은 대기오염물질 방지시설인 세정탑이 제 기능을 하지 못했고, 폐수와 폐가스를 재활용하였으며, 고농도 악취 배출로 수차례 행정처분을 받은 사업장이다. 만약 이런 사업장에서 연초박이 유기질비료 제조에 사용되었다면 마을 주민들은 호흡기를 통해 수년 동안 담배 유해물질을 흡입한 것이 된다."라고 주장했다.

이어 "KT&G가 그린포스트코리아 취재 답변에서 폐기물관리법 시행령과 농촌진흥청 고시 '비료 공정규격설정 및 지정'에 의거 연초박이 부산물비료(퇴비)의 원료로 재활용할 수 있고, ㈜금강농산이 법령상 기준을 갖춘 폐기물처리 업체여서 가열처리 공정 없는 퇴비에 활용할 목적으로 계약을 체결했다."라고 했지만 "정부 역학조사 중간보고 내용을 보면 공장 내 침적먼지, 비료 잔재물 및 원료, 마을 침적먼지에서 TSNAs가 검출되었다. 이는 KT&G의 해명과 달리 연초박을 유기질비료 제조 시 원료로 혼합하여 사용했다는 것이 입증된 것이다."라고 했다.

그러면서 "㈜금강농산은 폐기물관리법에 의거 폐기물 보관시설 및 퇴비 생산시설을 갖추지 않았다."라며 "KT&G가 별도의 퇴비 생산시설(발효시설 등)을 갖추고 있는지, 연초박을 퇴비로만 사용하고 있는지를 확인하지 않았다는 것을 의심할 수밖에 없다. 설령 KT&G 주장대로 법적 기준에 맞게 연초박을 처리하였다고 하더라도 주민들의 집단 암 발병 원인으로 연초박 가능성이 높은 상황에서 그 책임을 면하기 어렵다."라고 하였다.

대책위와 협의회는 "KT&G는 연초박의 배출자로서 위탁업체가 적정하게 처리하고 있는지 관리할 의무가 있다."라며 "담배제조 폐기물인 연초박을 수탁업체인 ㈜금강농산이 법적 기준에 맞게 처리할 능력이 있는지, 적정하게 처리하고 있는지 확인하지 않고 위탁 처리한 KT&G는 장점마을 주민들의 집단 암 발생 사태에 대해 책임져야 한다."라고 촉구하였다.

덧붙여 대책위와 협의회는 연초박이 적법하게 처리되었는지에 대한 사법기관의 철저한 수사도 촉구하였다. KT&G에 대한 첫 번째 책임 및 수사 촉구 기자회견이었다. 부적절한 위탁업체에 발암물질이 포함된 연초박을 처리한 담배인삼공사에 대해 주민대책위원회의 시위는 갈수록 강해졌다.

기자회견 사진 : 2019년 1월 30일 주민대책위원회와 민관협의회가 전북도청에서 ㈜금강농산 연초박 사용 관련 KT&G의 책임촉구와 사법기관의 수사를 촉구하는 기자회견을 하고 있다.

KT&G 책임촉구 1차 상경 집회

역학조사 결과 주민들이 집단으로 암에 걸린 원인 중 하나로 연초박 불법 사용이라고 밝혀졌지만, KT&G는 아무 입장이 없었다. 최소한 사망자와 환자에게 사과하고 위로하는 자세를 가져야 함에도 법적으로 책임이 없다는 태도로 일관하고 있었다. 주민들은 KT&G 태도를 용납할 수 없었다.

2019년 9월 26일 장점마을 주민들은 나이 들고 몸이 아파 힘들지만, 아침 일찍 전세한 버스를 타고 상경하였다. 농민들 수매 투쟁에서나 볼 만한 상경 투쟁을 장점마을 주민이 시작한 것이다. 상경한 주민들은 오전 11시부터 KT&G 서울타워 앞에서 집회하였다. 주민들은 지나가는 차량이나 서울시민들이 잘 보이게 'KT&G는 장점마을 집단 암 발병 사태를 책임져라!'라는 현수막도 내 걸었다. 준비해 간 연초박도 현관 앞에 쌓아 놓았다.

집회에 참석한 주민들은 손에 피켓을 들고 KT&G 사장이 나와서 사과하라고 촉구했고, 집단 암 발병 사태에 대해 책임지라고 하였다. 하지만 KT&G는 주민들 요구에 아무 대답이 없었다. 집회에 참여한 주민들이 빌딩 안으로 밀고 들어올까 걱정되었는지 출입문을 잠그고 통제하였다.

주민들은 참다못해 급기야 쌓아 놓은 연초박을 사옥 출입문 앞에 뿌렸다. 주민들은 "이것이 수년간 고통을 주고, 암에 걸리게 한 연초박이다. 당신들이 배출했으니까 당신들이 가져가라."라고 외쳤다.

주민들은 집회 막바지에 사장한테 전달할 것이 있으니 나오라고 외쳤다. 하지만 사장은 안 나오고 부장이라는 사람이 나왔다. 사장한테 똑바로 전달해달라고 사전에 준비한 성명서를 주고 전세버스에 몸을 싣고 마을로 되돌아왔다.

다음은 ㈜KT&G 사장에게 전달한 성명서 내용이다.

정부 역학조사를 실시한 민간연구소(협동조합 환경안전건강연구소)와 국립환경과학원은 장점마을 주민들이 폐기물을 재활용하여 유기질비료를 생산하는 (유)금강농산이 KT&G에서 매입한 사업장폐기물 연초박을 불법으로 유기질비료 제조에 사용하였고, 연초박 내 담배특이니트로사민 등 발암물질들이 제대로 처리되지 않고 대기 중으로 배출되어 집단으로 암에 걸렸다고 결론지었다.

민간 연구기관이 환경부 올바로시스템으로 확인한 결과 (유)금강농산은 2009년부터 2015년까지 KT&G 신탄진공장의 연초박 2,242톤을 반입하여 비료원료로 사용하였으며, 언론에 보도된 KT&G의 자료에도 신탄진공장에서 647.8톤, 광주공장에서 177.5톤을 위탁 처리한 것으로 확인되었다.

KT&G는 법령상 기준을 갖춘 폐기물재활용업체인 (유)금강농산과 가열처리 공정이 없는 퇴비로만 활용할 목적으로 계약 체결했다고 주장하겠지만 연초박을 매각하면서 법적 기준에 맞게 처리할 능력이 있는지, 적정하게 처리하고 있는지 확인의 의무를 다하지 않은 것은 책임을 면하기 어렵다.

KT&G는 연초박을 (유)금강농산에 판매하면서 국내외 연구논문에 연초박을 가열하면 발암물질인 담배특이니트로사민이 발생한다고 발표되어 있는데도, 한 공간에서 혼합유기질비료와 퇴비를 생산하는 (유)금강농산에 위험성을 알린 적도 없다. 폐기물 배출자로서 책임을 다하지 않은 KT&G는 장점마을 주민들의 집단 암 발생 사태에 대해 책임져야 한다.

발암물질이 들어있는 담뱃잎 찌꺼기 수천 톤을 팔아 주민들이 집단으로 암에 걸리고 사망하였는데, 책임지겠다는 입장표명 없이 관망하고 있는 KT&G는 지탄받아 마땅하다.

장점마을 주민들은 집단 암 발생 사태에 대해 발암물질인 연초박을 배출한 KT&G가 책임질 것을 촉구하며 다음과 같이 주장한다.
　1. KT&G가 배출한 사업장폐기물 연초박이 불법으로 사용되어 주민들이 집단으로 암에 걸리고 사망하였다. KT&G는 공식 사과하고 책임을 져라!
　2. 청정지역 농촌 마을에 수천 톤의 발암물질 폐기물을 배출하고 나 몰라라 하는 KT&G는 각성하라!
　3. KT&G는 장점마을 집단 암 발병 사태에 대한 피해대책을 마련하라!
　4. KT&G는 그동안 폐기물처리업체에 매각한 연초박 내역을 모두 공개하라!
　　- 주민대책위원회 성명서 중

KT&G 서울 사옥 앞 집회 사진 : 장점마을 주민들이 KT&G 서울 사옥 앞에서 집단 암 발병 사태에 대해 KT&G는 책임을 촉구하는 집회를 하고 있다. 성명서를 KT&G 부장에게 전달하고 있다.

KT&G 책임촉구 2차 상경 집회

주민들이 1차 집회에서 성명서를 전달하였음에도 KT&G는 아무 대답이 없었다. 12월 10일 주민들은 다시 KT&G 책임을 촉구하기 위해 상경하였다. 장점마을 주민, 지역 시민단체 활동가, 왕상희 선생, 남궁승영 전 시의원, 김수흥 전 국회 사무차장 등 40여 명은 전세버스를 타고 서울로 출발하였다. 집회는 1차 때와 같이 ㈜KT&G 서울 사옥 앞에서 했다.

서울 사옥에 도착한 주민들은 KT&G를 규탄하는 현수막을 길거리에 걸었다. 암으로 사망하신 분들의 영정사진도 두 손에 들었다.

이날 집회에는 50여 명이 넘게 참석하였다. 민관협의회에서는 필자를 비롯하여 김승철 목사, 권태홍 정의당 사무총장이 참여했다. 정헌율 익산시장은 이번에도 주민들과 함께했다. 서울에서 시민단체 활동을 하는 글로벌에코넷 김선홍 대표, 한국금연운동협의회 서홍관 회장, 개혁연대 민생행동 송운학 상임대표도 함께 해주었다.

집회는 필자의 사회로 진행되었다.

최재철 위원장, 정헌율 시장, 권태홍 총장, 김수흥 전 차장, 김선홍 대표, 송운학 상임대표, 서홍관 회장, 왕상희 선생, 남궁승영 전 의원이 앞으로 나와 규탄 발언을 하였다. 마을 주민 신옥희씨는 밤새워 써온 글을 읽었다.

집회 마무리에 최재철 위원장이 주민대책위원회 성명서 낭독하였다.

대책위는 성명서에서 "2001년 마을 위쪽에 연초박, 피마자박, 주정박 등 온갖 폐기물을 재활용하여 혼합유기질비료를 만드는 비료공장이 들어오면서 주민들은 참기 힘든 악취의 고통에 시달렸다. 2010년 공장 아래 소류지에서 물고기가 집단 폐사하는 등, 2017년 4월 공장이 폐쇄되기 전까지 수년 동안 환경피해를 당했다. 생활용수와 농업용수로 사용했던 지하수는 이미 발암물질로 오염되어 사용할 수 없는 상태다."라고 설명하였다.

이어 "정부 역학조사를 실시한 민간연구소(협동조합 환경안전건강연구소)와 국립환경과학원은 장점마을 주민들이 폐기물을 재활용하여 유기질비료를 생산하는 (유)금강농산이 KT&G에서 매입한 사업장폐기물 연초박을 불법으로 유기질비료 제조에 사용하였고, 연초박 내 담배특이니트로사민 등 발암물질들이 제대로 처리되지 않고 대기 중으로 배출되어 집단으로 암에 걸렸다고 결론지었다."라고 하였다.

대책위는 "KT&G는 법령상 기준을 갖춘 폐기물재활용업체인 (유)금강농산과 가열처리 공정이 없는 퇴비로만 활용할 목적으로 계약 체결했다고 주장하겠지만 연초박을 매각하면서 법적 기준에 맞게 처리할 능력이 있는지, 적정하게 처리하고 있는지 확인의 의무를 다하지 않은 것은 그 책임을 면하기 어렵다."라고 지적했다.

덧붙여 "KT&G는 연초박을 판매하면서 국내외 연구논문에 연초박을 가열하면 발암물질인 담배특이니트로사민이 발생한다고 발표되어 있는

데도, 한 공간에서 혼합유기질비료와 퇴비를 생산하는 (유)금강농산에 위험성을 알린 적도 없다. 폐기물 배출자로서 책임을 다하지 않은 KT&G는 장점마을 주민들의 집단 암 발생 사태에 대해 책임져야 한다."라고 주장했다.

대책위는 "지금까지 장점마을 집단 암 발병 사태에 대해 사과 한마디 없이 침묵으로 일관하고 있는 KT&G를 규탄한다. 발암물질이 들어있는 담뱃잎 찌꺼기 수천 톤을 팔아 주민들이 집단으로 암에 걸리고 사망하였는데, 책임지겠다는 입장도 없이 관망하고 있는 KT&G는 지탄받아 마땅하다."라고 하였다.

그러면서 "장점마을 주민들은 집단 암 발생 사태에 대해 발암물질인 연초박을 배출한 KT&G는 공식 사과하고 책임을 져라. 수천 톤의 발암물질 폐기물을 배출하고 나 몰라라 하는 KT&G는 각성하라. KT&G는 장점마을 집단 암 발병 사태에 대한 피해대책을 마련하라"라고 다 같이 구호를 외쳤다.

성명서 낭독이 끝난 뒤 주민들은 갑자기 사옥 안으로 진입을 시도하였다. 잠긴 유리문을 흔들어 대며 사장은 나오라고 외쳤다. 주민들은 준비해간 연초박과 연초박으로 만든 유기질비료를 사옥 출입문 주변에 뿌렸다.

당시 상황을 기억해 보면 집회 사회자로서 내심 걱정이 컸다. 분노한 주민들이 창틀과 유리문이 들릴 정도로 세게 흔들어 댔기 때문이다. '이러다 유리가 깨지는 것 아닌가' 하는 걱정이 들었다.

KT&G 서울 사옥 앞 2차 집회 사진 : 주민들이 영정사진과 피켓을 들고 KT&G는 주민들 살려내라고 외치고 있다. 준비해 간 연초박과 유기질비료를 사옥 앞에 뿌렸다. 사장은 나오라고 하면서 진입을 시도하고 있다.

전라북도에 연초박 퇴비원료 사용 중단 촉구

전라북도에서 연초박을 사용한 곳은 장점마을 주변만은 아니었다. 역학조사 결과 전라북도 내에서 연초박을 사용한 업체는 금강농산을 포함 3곳으로 밝혀졌다. 금강농산을 제외한 나머지 업체들은 퇴비원료로만 사용했지만, 반입을 중단시킬 필요가 있었다.

11월 26일 주민대책위원회와 민관협의회는 성명서를 내고 전라북도에 연초박을 퇴비 원료로도 사용하지 못하도록 조치할 것을 촉구하였다.

대책위와 협의회는 성명서에서 "장점마을 환경부 역학조사 보고서를 보면 폐업한 금강농산을 제외하고 2009부터 2018년까지 전국적으로 12개 사업체가 KT&G에서 연초박을 반입하여 퇴비원료로 사용하고 있다. 전라북도에 있는 사업장도 3곳(익산, 군산, 완주)이나 된다."라며 "연초박을 퇴비원료로 사용하였을 때 온도가 상승하는 발효 과정에서 발암물질인 TSNAs의 주변 배출 여부에 대한 실험 자료도 없이 퇴비원료로 사용할 수 있도록 허용한 것은 심각한 문제다"라고 지적했다.

이어 "장점마을 환경부 역학조사 결과에서 드러났듯이 주민들이 집단으로 암에 걸린 원인은 담뱃잎 찌꺼기 연초박 때문이다"라며 "외국의 연구논문을 보면 연초박 내 TSNAs는 보관(저장) 장소의 온도가 높을수록, 연초박 내 질산염 농도가 증가할수록 생성 농도가 높아지는 것으로 되어있다. 이것은 가열 건조공정뿐만 아니라 여러 유기성 폐기물을 혼합하여 퇴비화 발효 공정에서도 TSNAs가 배출될 가능성이 있다."라고 주장했다.

덧붙여 "부산물퇴비는 여러 식물성 잔재물, 축분 등 혼합·발효시키는 공정을 통해 제품을 생산하기 때문에 미생물이 발효시키는 과정에서 온도가 최대 70℃ 이상 상승한다."라며 "부산물퇴비를 생산하는데 연초박을 혼합 원료로 사용하였다면 발암물질인 TSNAs가 악취와 함께 배출될 가능성이 매우 높을 수 있다."라고 하였다.

대책위와 협의회는 "퇴비 작업장에서 일하는 노동자와 사업장 주변 주민들의 건강 훼손, 퇴비 사용으로 인한 토양 오염 등이 우려되는 상황에서 사용을 중단시키지 않는 것은 문제가 있다."라며 "전라북도와 시군은 도내 사업장에 대한 전수조사를 통해 연초박을 더는 퇴비원료로 재활용하지 못하도록 즉각 조처해야 한다."라고 촉구하였다.

성명서 발표 이후 전라북도는 시군에 공문을 보내 폐기물종합재활용업체 재활용 대상 폐기물 중 식물성 잔재물(연초박) 반입 중지 및 사용 중지 협조 요청을 하였다. 전라북도는 익산시의 폐기물종합재활용업 허가업체의 재활용 대상 폐기물 중 연초박을 허가받아 처리시설에서 처리하지 않아 인근 지역 주민의 암 발생으로 사후 대책 추진에 많은 어려움을 겪고 있다고 하였다.

전라북도는 시군에 폐기물종합재활용업 허가를 득하기 위해 사업계획서 검토 시 수집운반처 확인 등을 통해 연초박이 재활용 대상 폐기물이면 반입을 원칙적으로 금지해 달라고 했다. 시군별 이미 허가된 폐기물재활용업체 중 연초박을 재활용 대상 폐기물로 허가를 받았으면 '올바로시스템' 확인 및 비료관리법의 '비료생산업등록증'비교 확인 등을 통해 종합재활용업 변경허가를 하도록 사업장에 적극적으로 안내하고 이행할 수 있도록 독려하여 달라고 했다.

장점마을 후속대책 관계기관 회의, 퇴비원료에서 연초박 퇴출 촉구

역학조사 결과 최종발표회 이후 환경부는 2019년 12월 3일 장점마을 후속 조치 관계기관 회의를 하였다. 후속 조치 관계기관 회의에는 환경부, 국립환경과학원, 전북도청, 농진청, 익산시청, 민관협의회 위원들이 참석하였다. 마을 주민들도 많이 오셔서 회의를 참관하였다.

장점마을 후속대책 관계기관 회의 사진 : 환경부, 국립환경과학원, 전북도청, 익산시청, 민관협의회, 주민대책위원회가 모여 장점마을 후속대책 회의를 하였다. 마을 주민들도 회의를 참관하였다.

회의를 주관한 환경부 피해구제과장은 "역학조사 최종발표 이후, 총리가 역대 정부에서 해결 못 한 것에 대해 엄중히 사과하였다. 관계기관들이 힘을 합쳐 장점마을 주민들이 회복, 치유될 수 있도록 사후 조치 관련해서 이야기하자"라고 하였다. 국무조정실에서도 관계 부처와 대책 회의를 하였다고 하였다.

전라북도와 익산시는 마을 지원 사업으로 12개 사업을 제안하였다. 지원 사업은 사후관리사업 6개, 부지 활용사업 2개, 마을 환경개선 사업 3개로 되어있다. 익산시와 전라북도 지원 사업은 자체예산으로 실시할 계획이며, 이후에 도지사와 시장이 마을에 가서 설명할 계획이라고 말했다.

표4. 전라북도, 익산시 장점마을 주민지원 및 마을 복원사업 계획

구분	주민 요구사항	비고
사후 관리 (6)	① 공장 내 매립폐기물 제거 ② 저수지, 인근 논 등 오염원 제거 및 농지개량사업 추진 ③ 마을 지붕, 집안 내 오염, 먼지 등 발암물질 제거 ④ 암 환자 발생지역 주민 건강관리 ⑤ 장점마을 농산물 수매 지원 ⑥ (유)금강농산 비료 교체사업	- 설계가 끝나 다음 주 발주 계획 - 저수지 준설, 왈인 마을 준설토 매립지 전량 제거, 농·배수로 오염원 준설 및 제거 - 일일이 가구지정, 인력을 투입하여 발암물질 제거 작업(청소) - 원대병원하고 올해부터 3년 동안 건강검진 계획, 왈인, 장고재 마을은 20년도에 암 검진 실시 - 생산된 농산물 전량 수매 - 마을에 쌓여있는 금강농산 비료 3천 포 전량 매입, 다른 유기질비료로 교체 지원
부지 활용 (2)	⑦ 비료공장 부지 활용사업 추진(환경 교육장 및 환경 문화재 등 개념) ⑧ 부지 활용방안 용역 추진	- 12월 30일 익산시로 소유권 이전. 구체적 활용계획은 연구 용역 발주 계획. 주민, 전문가 의견 수렴. 타 자치단체 사례 조사 등 실시. 이번 주 활용방안 연구 용역 발주 계획
마을 환경 개선 (4)	⑨ 마을 만들기 종합개발사업 ⑩ 장점마을 주민복지센터 신축 ⑪ LPG 소형 저장 탱크 보급사업 ⑫ 장점마을 마을 하수처리시설 설치사업	- 경로당(회관) 신축은 전북도와 협의, 주민 건강지원센터 입주 계획 - 왈인, 장고재 하수처리시설이 되어있지 않아 하수과와 협의해서 추진할 계획

전라북도와 익산시의 마을 지원 사업 설명 이후 토의시간을 가졌다.

환경부 피해구제 과장은 "사후관리 비용을 지출하려면 구체적 계획이 있어야 한다. 익산시 계획을 보면 언제, 누가, 얼마를 투입해서 진행할 계획인지 구체적인 계획이 없다."라고 하였다.

이에 대해 익산시 담당 계장은 "사후관리 계획 용역은 이번 주에 발주할 계획이다. 보고한 지원 사업은 환경부 지원 사업 및 사후관리 비용은 사용하지 않고 도와 익산시 예산으로 실시할 계획이다."라고 답변하였다.

전라북도 환경보전과장도 "2019년도가 한 달 밖에 안 남았다. 예비비 사용, 2020년 예산 등이 구체적으로 조율되지 않아서 정확히 이야기하기 어렵다. 사업비 지원은 너무 걱정 안 해도 된다. 이후 도지사 하고 시

장이 마을에 가서 지원 사업에 관해 설명할 계획이다. 구체적인 계획은 다음 주까지 완료할 계획이다."라고 추가 설명하였다.

답변을 들은 환경부 피해구제과장은 전라북도와 익산시 계획이 완료되면 환경부에 제출해 달라고 요구하였고, 이에 대해 전라북도 환경보전과장은 환경부에서 해주어야 할 것은 왈인, 장고재에 대해서 확실하게 역학조사 보고서에 넣어서 정리해 주면 좋겠다고 하였다.

환경부 피해구제과장은 "왈인, 장고재에 대해서 건강 검진할 것이다. 익산시가 암 환자에 대해 발병자 확정을 해주면 추가적인 조사를 해서 처리하겠다. 장점마을에 대한 역학조사는 끝났다. 왈인, 장고재를 넣어 조사해서 희석하는 것은 반대다. 그렇게 되면 기각(소송하면)될 수 있다. 왈인, 장고재는 별도로 해서 결론을 낼 계획이다. 빨리 건강검진을 통해 암 환자를 확정해주기 바란다."라고 입장을 이야기하였다.

일의 우선순위를 따져야 하겠지만 마치 책임을 회피하는 듯한 회의를 보면서 답답함을 느꼈다. 어쩌면 문제가 터져 회의할 때 행정의 부처 간, 부서 간 핑퐁 논의는 지금도 차이가 없다는 걸 실감할 수밖에 없었다.

민관협의회 오경재 교수는 "암 이외도 다른 질병이 있다. 심혈관 질환 등 다른 질환으로 확대할 필요가 있다. 건강관리에 심리적, 약물치료 등이 들어가야 한다. 건강관리 대상에 암 환자뿐만 아니라 마을 전체, 어린이까지 확대할 필요가 있다. 마을에 신축되는 주민복지센터 내에 건강관리 센터가 함께해야 한다. 비료공장 활용계획은 어린이 테마공원 등 기존에 정제되지 않은 의견이 있었는데 급히 서두르면 안 된다. 잘못하면 오염원 제거를 놓칠 수 있다. 이 지역을 개발하는 것보다 그대로 보존해야 한다. 환경교육장, 문화재 수준의 건물로 재활용 필요가 있다. 일본의 미나마타병 사례를 참조하여 장점마을과 연계하고 역사적 의미를 부여할 수 있게 진실을 보전하고 알릴 필요가 있다. 향후 환경문제의 메카가 될 수 있게 하는 좋겠다. 부지 활용방안에 역사적 가치에 가중치를 두면 좋겠다."라고 의견을 제시하였다.

김세훈 박사는 "주변 마을과 함께 지원 사업이 진행되면 마을공동체가 깨지기 때문에 별도로 가야 한다."라고 의견을 피력하였다. 홍정훈 변호사는 "마을 주민들의 요구가 사후 대책이 될 수 없다. 농사를 못 짓는 사람들에게 농산물 수매는 대책이 될 수 없다. 전량 수매한다고 하는데 언제부터 언제까지 지원하겠다는 계획이 없다. 마을 주민들이 원하는 것을 다 들어 주었다고 하지만 이것만으로 대책이 될 수 없다."라고 주장하였다.

필자도 "도와 시가 발표한 내용으로 지원 대책이 끝날 수 없다. 앞으로 주민들이 논의해서 더 발굴된다면 계속 지원할 필요가 있다. 농산물 이야기가 나온 이유는 마을 주민들의 생계대책 때문이다. 농산물 수매라는 방법에 매몰되지 말고 농가별 생계비 지원 등 다양한 방법이 모색될 필요가 있다. 전라북도가 시군에 공문을 보내 계획관리지역에 있는 공장에 대해 대기오염도 검사를 할 수 있도록 조치해야 한다. 공장에서 특정대기유해물질 검출 여부를 확인할 필요가 있다. 2008년까지는 전라북도가 비료생산업등록을 해주었다. ㈜금강농산의 연초박 반입 및 처리 내역에 대해 관련 자료를 제출해 주어야 한다."라고 주장하였다,

이에 대해 전라북도 환경보전과장은 "시군에 공문을 보내 계획관리지역 대기오염도 검사할 수 있도록 하겠다. 해당 과에 연락해서 연초박 사용 내역을 요구하겠다."라고 답변하였다.

권태홍 사무총장은 "마을에 대한 관점에서 길게 사후 대책 수립이 필요하다. 앞으로 어떻게 사회적으로 회복시킬 것인가 하는 관점에서 접근할 필요가 있다. 농산물 전량 수매를 한다고 하면 장점마을 농산물에 대한 우려가 회복되기 어렵다. 전라북도와 익산시가 장점마을 농산물에 대한 이미지 개선 대책을 세울 필요가 있다."라고 의견을 제시하였다.

환경부 피해구제과장은 "아직도 불안하기 때문에, 국민도 안전할까 우려하고 있다. 도에서 농산물품질관리원에 검사 의뢰해서 안전하다는 것을 확인할 필요가 있다. 안전하지 않다면, 사람에게 영향을 줄 수 있다면, 조처해야 한다."라고 입장을 이야기했다.

오 교수도 "장점마을 상황이라고 볼 수 있지만, 익산시 농산물이기 때문에 익산 전체에 영향을 줄 수도 있다. 안전하다고 하는 것을 확인할 필요가 있다. 현재 유통은 안 되고 있지만 1차 소비자는 장점마을 주민이기 때문에 빨리 안전성 검토를 통해 공인받을 필요가 있다."라고 강조하였다.

장점마을 사후 대책 논의 이후 환경부는 민관협의회가 제안한 주민건강영향조사 관련 제도개선 사항에 대해 검토한 결과를 발표하였다.

환경부 피해구제과장은 "연초박의 재활용 금지는 총리실 회의에서 비료관리법을 개정하기로 하였다. 역학조사 방해 또는 회피 행위에 대해서는 환경보건법 개정을 추진 중이다. 징역 또는 벌금 조항이 신설된다. 환경보건위원회 구성에 있어 역학 전문가 추가 필요성에 대해서는 향후 명확하게 역학 전문가가 포함될 수 있도록 검토 추진하고 있다. 환경부 역학조사 전담기구 설치는 행안부, 기재부 등과 조직 구성에 대해서 협의를 하고 있다. 역학조사 전문가 자문기구 상시운영 제안에 대해서는 한국역학회 자문을 거치도록 운영하겠다. 「환경오염피해 배상책임 및 구제에 관한 법률」을 개정하여 환경오염에 대한 피해구제를 폭넓게 인정할 수 있도록 하겠다."라고 검토 의견을 설명하였다.

환경부 피해구제과장이 주민건강영향조사 제도개선 요청사항 검토 결과를 발표한 뒤 참석자들 토론이 있었다.

환경부 검토의견을 들은 뒤 농진청 사무관은 "총리실 회의에서 연초박의 퇴비 재활용 금지 사항에 대해 비료관리법에서 개정한다고 협의했다는 것은 오해이다. 회의 결론은 부처 간에 협의에서 정리하는 것이다. 환경부에서 재활용을 금지하면 바로 퇴비원료로 금지할 계획이다."라고 환경부와 다른 의견을 밝혔다.

이에 대해 필자는 "법률 개정 방향에 대해 정리한 내용이 부처 간 입장이 서로 다른 것은 문제가 있다. 주민들에게 법 개정 방향을 발표하면서 부처 간 서로 다른 입장을 이야기하는 것은 주민들을 무시하는 행위이다. 다음 회의 때는 합의해서 발표하기 바란다."라고 문제를 제기하였다.

홍정훈 변호사는 "농림부(농진청)에서 책임 있게 연초박 금지 관련 법을 개정해야 한다. 「폐기물관리법 제 17조 1항(사업자폐기물배출자의 의무)」 대상에 연초박도 넣어야 한다. 환경보건법에 조사자의 출입 관련 규정이 있어야 한다."라고 주장했다.

민관협의회 위원들 지적에 환경부 피해구제과장은 환경부, 농림부, 농진청 관계자가 회의해서 비료관리법 개정으로 결정한 것임을 재차 강조하였다.

필자가 농진청 사무관에게 "언제부터 연초박을 퇴비원료로 사용을 허용했는지, 허용 전에 사전 유해성 실험은 했는지"라고 물었다.

이에 대해 농진청 사무관은 "농진청 고시로 97년부터 연초 박을 퇴비원료로 허용했다. 사전 유해성 실험은 한 적은 없다. 현재 장점마을 사태로 연초박에 대한 논란이 있어서 국립농업과학원에 실험을 맡긴 상황이다. 실험 결과에 따라 고시 개정 여부를 결정할 계획이다."라고 답변하였다. 농진청은 일본이 연초박을 퇴비원료로 허용해서 그 근거로 국내에서도 허용했다고도 말했다.

농진청 사무관 답변을 듣고 손 대표는 "농진청이 사전 유해성 실험도 없이 연초박을 퇴비원료로 활용할 수 있게 허용한 것은 문제가 있다. 「비료관리법」에는 함유해야 유해성분 최대치를 정하게 되어있다. 농진청이 관련 유해성 실험도 없이 퇴비원료로 연초박을 허용한 것은 비료관리법을 잘 못 관리한 것으로 반드시 책임져야 한다."라고 주장하였다.

김 박사도 "외국의 논문 사례를 보면 연초박에서 보관 온도 상승, 질산염의 농도에 따라 TSNA 배출 농도가 높아지는 것을 확인할 수 있었다. 퇴비는 가축분뇨 등 여러 동·식물성 폐기물을 혼합하여 만드는데 이 과정에서 열이 발생한다. 퇴비원료로 연초박이 사용되면 열이 올라가는 과정에서 연초박 내에 있는 TSNA가 배출될 가능성이 높다. 농진청이 관련 실험도 없이 퇴비원료로 연초박을 허용하는 것은 문제가 있다."라고 주장하였다.

농진청은 2020년 말까지 연초박에 대한 유해성 실험 결과를 내놓겠다고 하였다. 하지만 농진청은 약속한 기간이 한 참 지난 2021년 7월에야 실험 결과를 공개하였다.

관련 연구는 농진청의 의뢰로 국립농업과학원에서 2020년 2월부터 12월까지 '연초박 퇴비화 공정 중 유해물질(TSNAs) 분석' 주제로 진행하였다.

연구 결과는 우리의 예상을 벗어나지 않았다. 연초박이 들어있는 모든 실험에서 TSNAs 4종류(NNN, NNK, NAT, NAB) 모두가 검출되었다. TSNAs는 퇴비실험 중 초기 3주까지 높았으며, 서서히 분해되어 사라질 줄 알았는데, 부숙 기간인 8주가 지난 뒤에 다시 농도가 증가하는 현상이 나타났다. 민관협의회 위원들이 지적한 외국논문사례와 같은 현상으로 보이는데 보고서에서는 이 이유에 대해 언급하지 않았다. 또한, 퇴비 만드는 도중 주변으로 유해물질이 먼지와 악취에 함께 배출될 수 있는 우려를 반영하지 않은 단순한 실험으로 연구를 마무리하였다.

농진청에 장점마을 집단 암 발병 책임촉구

관계기관 후속대책 회의에서 밝혀진 추가 문제는 농진청이 연초박을 퇴비원료로 허용하기 전에 사전 유해성 실험조차 하지 않았다는 것이다. 심지어 농진청은 일본에서 허용하고 있어, 그 근거로 고시에 연초박을 부산물비료 원료로 허용했다고 했다.

농진청 담당자의 별문제 없이 당연하다는 듯한 연초박의 허용 및 사용내력에 대한 답변은 마을 사람들을 분노케 했다. 2019년 12월 3일 장점마을 주민대책위원회와 민관협의회는 농진청이 장점마을 집단 암 발병 사태에 책임질 것을 촉구하는 성명서 냈다.

대책위와 협의회는 성명서에서 "농진청이 담배제조 부산물인 연초박을 퇴비원료로 허용하기 전에 발암물질 배출 여부 등 유해성 조사를 충분히 했다면 장점마을 집단 암 발병 사태는 발생하지 않았다"라고 주장했다.

이어 "농진청 고시 '비료 공정규격설정 및 지정'을 보면 담배제조 과정에서 발생하는 식물성 잔재물인 연초박에 대해 퇴비원료로 사용을 허용하고 있으나, 함유할 수 있는 유해성분의 최대량에 대해 지정된 기준도 없다"라고 밝혔다.

대책위와 협의회는 "농진청이 「비료 공정규격설정 및 지정」 고시에 의거 연초박을 퇴비원료로 허용하기 위해서는 사전에 유해성분에 대한 배출 조사를 해야 했다. 2017년 9월 18일 유기질비료 원료인 아주까리(피마자) 유박 원료 비료에서 Ricin(리신)의 함량을 10mg/kg으로 기준 설정한 사례(농진청 고시 제2017-18호)에서 보듯, 연초박을 사용할 시 TSNAs 등 발암물질에 대해 함유할 수 있는 유해성의 최대량 기준을 정했어야 한다."라고 지적하였다.

그러면서 "농진청이 이러한 과정 없이 연초박을 퇴비원료로 사용할 수 있도록 허용했다면 비료관리법에 명시한 비료 공정규격을 잘못 관리한 것으로 그 책임을 면하기 어렵다."라며 "농진청은 제2의 장점마을 사태를 막기 위해 「비료 공정규격설정 및 지정」 고시를 개정하여 담배제조 부산물인 연초박을 퇴비원료에서 즉각, 삭제해야 한다."라고 촉구하였다.

농진청은 연초박 사용 허용에 대한 비판과 규탄이 이어지자 고시를 개정한다. 농진청은 2020년 9월 「비료 공정규격설정 및 지정」 고시 개정안을 행정 예고하였다. 연초박을 부산물비료 원료에서 삭제하는 내용이다. 농진청은 환경부 역학조사 발표에 따른 시민단체, 전라북도, 장점마을 주민들의 요구에 따라 고시를 개정한다고 밝혔다. 같은 해 11월 25일 연초박이 삭제된 개정 고시는 확정되었다. 고시 개정으로 연초박은 더는 퇴비원료로 사용할 수 없게 되었다.

제 9 장

감사원 공익감사와 손해배상 소송

익산시, 전라북도에 대한 감사원 공익감사 청구 기자회견

감사원 공익감사 결과

 2018년부터 시작된 역학조사가 2019년 2월쯤에 마무리되고 최종결론이 나올 때까지 몇 달이 더 필요했다. 조사 기간 동안 알려진 것들은 공장과 마을에서 발암물질이 다수 확인되었다는 것이다. 그리고 조사과정에서 확인된 폐기물 및 폐수 매립과 토양오염, 인근 소류지 폐수방류 등의 공장의 불법행위 및 암 발생 관련한 주민들의 피해 상황이 신문 및 방송을 통해 구체적으로 생중계되듯 알려졌다. 관할 행정기관에서 제대로 된 관리·감독이 있었다면 있을 수 없는 일이기에 감사원 감사가 필요하다는 의견들이 시민사회에서 강력하게 나왔다. 2019년 4월 4일 익산지역에서 활동하고 있는 시민사회단체는 장점마을 환경피해 사건에 대한 감사원 공익감사 청구를 논의하기 위해 간담회를 가졌다. 간담회 결과 시민사회단체는 청구인 서명을 받아 공익감사를 청구하기로 했다.

 공익감사청구에 서명한 시민은 1,072명이다. 장점마을 주민을 포함하여 많은 시민이 서명에 참여하였다. 시민단체들은 익산 환경문제를 시민들에게 알리기 위해 문화행사를 하였다. 문화행사 기간에 시민들에게 장점마을 사태에 대해 알리고 감사 청구를 위한 청구인 서명도 받았다. 장점마을 참상을 들은 시민들은 서명에 적극적으로 참여했다. 환경재앙으로 인해 주민들이 집단 암에 걸렸다는 것에 대해 안타까워했다.

 감사원에 공익감사를 청구한 이유는 장점마을 집단 암 발병 사태의 원인으로 지목되고 있는 금강농산에 대해 폐기물처리업, 비료생산업 인허가 권한을 가지고 있는 행정기관이 관리·감독을 규정대로 했는지 확인하기 위해서였다. 감사원이 감사를 통해 행정기관이 환경오염 방지 및 주민건강 보호를 위해 그 역할을 제대로 했는지 밝혀주길 바랐다.

4월 18일 장점마을 주민대책위원회와 익산지역 시민사회단체는 공익감사 청구서를 제출하기 전에 감사 청구 이유와 취지에 관해 설명하는 기자회견을 했다.

대책위와 시민단체는 기자회견에서 "행정기관이 제대로 그 역할을 했는지 밝히기 위해 시민들의 서명을 받아 감사원에 공익감사를 청구한다."라고 밝혔다.

대책위와 시민단체는 "익산 장점마을 환경피해 사건은 인재이며, 허가기관과 관리 감독기관인 익산시가 업무를 제대로 했다면 지금과 같은 건강피해 사건은 발생하지 않을 수도 있었다."라며 "익산 장점마을 집단 암 발생 사건이 언론을 통해 대대적으로 주목받기 전까지는 검사 결과 별문제가 없다고 했던 행정기관이 뒤늦게 악취방지법과 폐기물관리법 위반으로 16건을 적발하여 조치한 것과 비료공장 대기배출시설에서 특정대기유해물질인 니켈이 법적 허용기준보다 초과 검출되어 폐쇄 명령을 한 것을 보면 이를 증명하고 있다."라고 했다.

이어 "금강농산이 부산물 퇴비를 만든다고 하면서 2009년부터 2015년까지 2,243t의 연초박을 KT&G에서 매입하여 반입하였으나, 실제 부산물 퇴비를 생산한 적이 없었다. 하지만 익산시와 전라북도는 금강농산이 폐기물관리법과 비료관리법을 위반하여 건조공정 있는 혼합유기질 비료의 원료로 사용하였는데도 감시 감독한 사실이 없다."라고 지적했다.

덧붙여 "금강농산이 2016년 11월 회사 내부사정을 이유로 폐기물처리업자 폐업 신고를 하였다. 폐기물처리업자가 폐업할 때는 보관하고 있는 폐기물을 전부 처리해야 하고 처리 결과를 시·도지사 또는 지방환경관서장의 확인·점검을 받아야 하지만 아직도 공장 내에 폐기물이 방치되고 있다."라고 지적하였다.

대책위와 시민단체는 "환경부 역학조사 중간보고 결과 비료공장과 공장 아래 저수지, 마을 주변 토양과 지하수 등에서 발암물질인 PAHs(다환방향족탄화수소)가 검출되었으며, 공장 내 침적먼지, 굴뚝 잔재물, 마을 주택 침적먼지 등에서 발암물질인 TSNAs가 검출되었다."라며 "지금까지 발표된 용역조사 내용만 보더라도 주민들은 수년 동안 비료공장에서 배출한 각종 발암물질에 노출되어 피해를 보면서 살아왔다."라고 주장했다.

그러면서 "익산 장점마을 주민들의 건강피해 사건은 (유)금강농산의 온갖 불법행위로 인한 환경 오염물질 배출에 기인한다고 할 수 있지만, 관리·감독 의무를 제대로 하지 않은 행정기관 또한 그 책임을 면할 수 없다."라고 하였다.

기자회견 사진 : 장점마을 주민대책위원회와 익산지역 시민사회단체가 감사원 공익감사 청구에 앞서 기자회견을 하였다.

2019년 4월 22일 장점마을 주민대책위와 익산지역 시민사회단체는 감사원에 공익감사를 청구한다. 아래는 감사 청구 내용이다.

감사 청구사항

1. 익산시 비료관리법 및 폐기물관리법상의 감독의무 불이행

가. 연초박을 퇴비가 아닌 유기질비료의 원료로 생산 - 익산시의 관리 부재

(유)금강농산은 "부산물 퇴비"의 원료이자 폐기물의 처리(재활용)방법으로 2009년부터 2015년까지 2,242톤의 연초박(담뱃잎 부산물 등)을 반입하였으나, 심지어 (유)금강농산은 부산물비료를 생산한 적이 없고, 2018.7경 발표된 정부의 역학조사에서 가열 방식일 경우 발생량이 대폭증가는 TSNA(담배특이니트로사민)가 다량 비료공장 및 마을에서 발생한 점에 비추어, (유)금강농산은 연초박을 열을 가하지 않는 방식의 퇴비의 원료로 사용하지 않고, 380도로 가열하여 생산하는 혼합유기질비료의 원료로 사용한 것으로 보입니다.

연초박은 퇴비 이외의 비료의 원료로 사용해서는 아니 되는 원료입니다.

비료관리법 제19조에 따르면 익산시는 신고한 제조 원료 이외의 물질을 사용하여 제조하는 경우 판매중지 등 조치를 취해야 하고, 제20조 제1항 제5호에 따른 등록취소 등 처분을 해야 하는 행정청으로서, 감독관청입니다.

또한, 폐기물관리법 제48조에 따라 폐기물의 재활용방법이 적절하지 않음을 확인하고 이에 따라 적절한 조치를 취할 것을 처분하여야 했으나 이를 하지 않았습니다.

그간 주민들이 수없이 악취와 물고기 집단 폐사, 마을 주민들의 건강 악화 등으로 민원을 제기하였음에도 불구하고 익산시는 폐기물이자 비료의 원료인 연초박 폐기물이 어떻게 사용되고 있는지조차 파악하지 않은 것입니다. 실제로 담배부산물인 연초박이 수년간 2,000톤 이상 건조시설에서 태워져 그대로 배출되었다면 이를 감시·감독하지 않는 익산시는 그 책임을 반드시 져야 할 것입니다.

이러한 사정을 고려하시어 익산시(2007년 이전은 전라북도)가 (유)금강농산의 위법행위에 대하여 감시·감독한 사실이 있는지 등을 조사하시어 감시·감독조차 하지 않았다면 이에 대하여, 감시·감독하였으나 이에 대한 적절한 조치를 취하지 않았다면 이에 대하여 각 감사를 진행해 주시기 바랍니다.

나. 익산시의 폐업 후 폐기물처리에 대한 감독의무 미이행

폐기물관리법 제37조에 따르면 폐기물처리자가 폐업 등을 하는 경우 보관하는 폐기물을 전부 처리해야 하고, 같은 법 시행령 제59조의2에 따르면, 폐업의 신고를 하려는 자는 보관하고 있는 폐기물의 처리계획을 수립하여 처리하고 그 결과를 시·도지사 또는 지방환경관서의 장의 확인·점검을 받아야 합니다.

그런데 (유)금강농산이 2016년 11월 28일 회사 내부사정의 이유로 폐기물처리업

자 폐업 신고를 하면서 연초박은 2016. 11. 11. 모두 사용하여 재고가 없다고 신고하였습니다. 그러나 장점마을이 문제가 된 이후 익산시 공무원들과 많은 전문가와 관계자가 문제가 된 (유)금강농산에 직접 가서 여러 차례 살펴본 2017년 4월경에도 여전히 연초박 등 폐기물 원료를 보관하거나 방치하고 있었습니다. 그런데도 익산시는 이에 관하여 어떠한 조치도 없었습니다. 즉 익산시는 폐기물처리계획에 따른 처리 여부를 확인조차 하지 않은 것으로 보입니다. 이에 관하여 감사를 통해 위법하게 행정행위를 하지 않은 것인지 여부를 밝혀주시기 바랍니다.

다. 익산시가 방치폐기물에 대한 처리 명령을 하지 않음

폐기물관리법 제40조에 따르면 익산시는 (유)금강농산이 폐기물종합재활용업 폐업을 신고하였을 때 방치된 폐기물이 없는지 확인하고 기간을 정하여 그 폐기물처리업자나 폐기물처리 신고자에게 그가 보관하고 있는 폐기물의 처리를 명해야 하나 이러한 조치도 전혀 없었는바, 익산시 행정의 이와 같은 부작위 등에 관하여도 철저히 감사하여 주시기 바랍니다.

2. 익산시의 특별사법경찰관의 미지정 등

사법경찰관리의 직무를 수행할 자와 그 직무범위에 관한 법률(약칭: 사법경찰직무법) 제5조 제22호에 따르면, 환경부와 그 소속 기관, 특별시·광역시·도 및 시·군·구에 근무하며 환경 관계 단속 사무에 종사하는 4급부터 9급까지의 국가공무원 및 지방공무원은 검사장의 지명에 따라 사법경찰관리로서 지명되어, 폐기물관리법, 토양환경보전법, 대기환경보전법, 자원의 절약과 재활용촉진에 관한 법률 위반 사건 등 환경 관련 범죄를 수사(제6조 제19호)하도록 규정하고 있습니다.

특별사법경찰관리 직무규칙은 형사소송법에서 정한 수사기관의 권한을 특별사법경찰관에게 권한을 주어 수사를 하도록 규정하고 있기도 합니다.

그런데 익산시는 (유)금강농산의 폐기물 매립 사실이 밝혀진 후 이루어진 민관협의회 의의 등에서 특별사법경찰관리 지정 등이 현재 관리 업무자로 지정되지 않았다는 등의 이야기를 하며 수사를 하지 않겠다는 의사를 표했고, 이후 익산경찰서에 고발만을 하였습니다.

사법경찰직무법이 경찰이나 검찰 외에도 위 특별사법경찰관리를 지정하여 수사하도록 한 이유는 각 법률의 위반 사실에 대한 전문성이 있는 담당 공무원에게 경찰권을 부여하여 제대로 수사하도록 하기 위함입니다.

그런데도, 익산시가 사법경찰관리 지정 등의 절차를 소홀히 하고 실제 수사를 인지하고도 이를 이행하지 않았다면 이는 익산시의 직무를 유기하는 것인바, 이에 대하여도 철저한 감사를 하여주시기 바랍니다.

3. 전라북도와 익산시가 그간 (유)금강농산에 대한 관리 업무를 적절히 수행하였는지 여부 관련

익산시 장점마을 주민들은 2009년경부터 악취 등으로 수차례 익산시 및 전라북도에 민원을 제기하며 문제 해결을 촉구해 왔습니다. 그런데 익산시는 그간 대기 오염물질에 관한 조사를 하지 않고 악취방지법에 따른 악취 조사 등만 실시하였다가 주민들이 암으로 죽어 나가는 상태가 되자 2017년 4월 24일에 이르러서야 (유)금강농산의 대기에서 니켈 등 특정대기유해물질이 기준치를 초과하여 발생하고 있는 사실을 알고 처분을 하였습니다.

전라북도보건환경연구원은 익산시장과 주민들이 간담회 하는 자리에서 공장과 마을의 지하수, 하천수, 대기, 토양 시료를 채취하여 검사한 결과 오염물질이 법적 허용기준 이하로 검출되었으며, 발암물질은 검출되지 않았다고 주민들에게 보고하였습니다.

즉 익산시와 전라북도보건환경연구원은 실제 (유)금강농산이 주민들의 건강에 위해를 가할 수 있는 물질을 배출하는지 여부 등에 대한 조사를 미흡하게 하거나, 실제 성분조사에서 주민들의 건강 영향과 관련한 유해물질을 조사하지 않고 그저 관련 환경 법률에서 정하고 있는 최소 조사만을 한 것으로 보이는 사정입니다.

주민들의 건강을 보호하여야 할 행정청이 필요한 조사를 하지 않고 면피에 급급한 것은 아니었는지를 확인할 필요가 있습니다.

감사원은 감사를 청구 한지 한 참이 지났음에도 감사실시 여부에 관해 결정하지 않았다. 이에 대해 지역 시민사회단체는 감사원에 감사를 조속히 할 것을 촉구하는 공문을 보냈다.

다음은 익산지역 시민사회단체가 감사원에 보낸 공문 내용이다.

"감사원 공익감사청구 처리규정 제16조(감사실시 여부의 결정 기간)는 감사 청구에 대한 감사실시 여부는 감사청구서 접수일로부터 1개월 이내에 결정하는 것을 원칙으로 하고 있다. 하지만 감사 청구한 지가 2개월이 다 된 상황에서 감사실시 여부가 결정되지 않아 주민들과 시민들은 걱정이 매우 크다.
감사원이 주민들과 시민단체가 제기한 공익감사 청구에 대해 조속한 시일 내에 감사실시를 결정하여 행정기관이 비료관리법 및 폐기물관리법상 관리 감독의무를 다했는지를 철저히 규명해 주길 바라며, 그동안 억울한 죽음과 함께 질병으로 고통받는 장점마을 주민들의 환경피해 문제를 풀어주시길 바란다." – 익산지역 시민사회단체가 감사원에 보낸 공문 중 2019. 6. 1.

감사원은 감사를 청구한 지 4개월이 지나서야 공익감사청구사항에 대한 검토 결과를 보냈다. 감사원은 주민들이 제출한 감사청구사항에 대해 일부만 감사한다고 통보하였다.

감사원은 "금강농산이 퇴비로만 사용해야 할 연초박을 가공하여 비료 원료로 사용했는데도 익산시가 이에 대한 단속과 조치 명령을 미실시한 건, 2016년 11월 금강농산이 폐기물처리업 폐업 신고할 때 연초박 등 잔여 폐기물을 폐기물관리법에 따라 제대로 처리하였는지 미확인 건에 대해서는 감사실시를 결정하였고, 익산시의 특별사법경찰관 미 지정 건, 전북보건환경연구원과 익산시의 유해물질 배출 여부 등에 대한 조사 미흡 건에 대해서는 감사 청구가 이유 없다."라고 하였다.

감사원은 감사실시를 결정하고, 익산시를 상대로 감사를 시행하였지만, 감사를 청구한 지 1년이 넘도록 감사 결과를 발표하지 않았다. 감사원은 일부 사항에 대한 추가 확인 및 검토가 필요하다는 이유를 들어 감사 결과 발표를 미루었다. 이에 대해 장점마을 주민대책위원회와 민관협의회 민간위원은 감사를 조속히 마무리해 줄 것을 촉구하는 성명서를 발표하였다.

대책위와 협의회는 성명서에서 "감사를 청구한 지 1년이 넘게 지났는데도 감사원은 자세한 설명도 없이 '일부 사항에 대한 추가 확인 및 검토가 필요한 등의 사유'라는 애매한 이유를 들어 감사를 마무리하지 않고 있다. 감사원의 늑장 행위로 인하여 집단으로 암에 걸려 고통받고 있는 주민들은 속이 타들어 가는 심정이며, 장점마을 사태의 진실이 규명되길 바라는 익산시민 또한 실망이 무척 크다."라고 하였다.

이어 "환경부 역학조사와 사법기관의 조사로 관리·감독 부재와 불법 행위가 드러났는데도 불구하고 감사를 청구한 지 1년이 넘어가도록 감사원에서 감사를 마무리하지 않는 이유를 이해할 수 없다."라며 "감사원은 빠른 시일 내에 감사를 마무리하고, 책임소재를 밝혀야 한다."라고 촉구하였다.

감사원은 2020년 8월 5일 「익산 장점마을 집단 암 발생 사건 관련 지도·감독 실태 공익감사 보고서」를 발표하였다. 감사원이 발표한 감사 결과를 보면 아쉽게도 익산시를 감사한 결과밖에 없었다. 2008년까지는 전라북도가 비료생산업 인허가 기관인데도 이를 감사한 결과는 없었다. 감사 범위도 폐기물관리법에 국한되었다. 금강농산이 비료관리법을 위반하여 불법으로 유기질비료를 생산하였는데도, 이와 관련된 감사 결과는 없었다.

감사원 감사 결과 익산시의 금강농산에 대한 부당하고 부적정한 행정행위가 적발되었다. 감사원은 부당하고 부적정한 행정행위를 한 공무원에 대해 징계, 인사, 주의 조치를 촉구하였다.

다음은 감사원 감사 결과를 요약한 것이다.

감사보고서

① (폐기물 재활용 신고 부당 수리) 익산시는 2009. 5. 29. 퇴비원료로 사용해야 하는 식물성 폐기물을 유기질비료 원료로 사용하겠다는 금강농산 폐기물처리업 변경 신고를 부당 수리
  ▶ 퇴비원료로만 사용할 수 있는 주정박, 전분박 등 식물성 폐기물을 유기질비료 원료로 사용하겠다는 이 건 변경 신고를 수리하지 않거나 '비료 공정규격 담당 부서에 확인하여 수리 여부를 검토하여야 하는데 해당 부서와 협의하지 않고 변경 신고 수리

▷감사원 조치 사항 : 담당했던 공무원의 비위행위는 징계 시효가 완성되어 재발 방지를 위해 엄중한 인사 조처 필요

② (폐기물처리업 폐업 신고 시 폐기물처리 확인 소홀) 익산시가 2016. 11. 25. 금강농산의 폐기물처리업 폐업 신고에 대한 현지 확인을 소홀히 하여 금강농산은 연초박을 유기질비료 생산에 계속 사용
▷금강농산을 현지 확인하면서 장부 대조 등을 통해 퇴비 생산량이 장부에 기재된 것과 일치하는지 확인하지 않음. 공장 내 유기질비료 원료 보관 장소의 원료 더미를 제대로 확인하지 않은 채 현지 확인 종료 후 상급자 결재를 받아 폐업 신고 수리. 폐기물처리를 소홀히 확인한 결과 유기질비료의 원료로 사용할 경우 고온 건조과정에서 담배특이니트로사민을 발생시키는 연초박이 미폐기되는 결과 초래
▷조치 사항 : 폐기물관리법 제37조를 위반하여 폐기물처리업 폐업 신고 시 폐기물처리 결과를 소홀히 확인한 2명 공무원에 대하여 징계처분(경징계 이상) 요구

③ (폐기물처리업 사업장에 대한 정기 지도·점검 부적정) 익산시는 폐기물처리업 사업장인 금강농산에 대해 매년 2회 정기 지도·점검을 하여야 하는데도 2009년부터 2016년까지 8년간 총 2회만 실시하고 이마저도 부실하게 지도·점검
▷2회의 점검마저도 통합점검규정에서 정하고 있는 점검표에 따라 금강농산이 허가받은 공정대로 퇴비와 유기질비료를 생산하는지, 퇴비 보관창고에 연초박 등 퇴비원료를 규정에 따라 제대로 보관하고 있는지, 신고내용과 달리 유기질비료의 원료 혼합장치에 연초박 등 퇴비원료들을 투입하는지 등을 확인하지 않은 채 관련 서류 검토와 함께 배출시설을 둘러보는 정도의 형식적 점검만을 수행
▷연초박은 퇴비원료로만 사용하여야 하므로 점검할 당시 퇴비 제조 시설을 확인하였다면 퇴비를 거의 생산하지 않는다는 것을 쉽게 확인할 수 있었는데도 점검을 부실하게 하여 아무런 지적을 하지 않았음. 그 결과 금강농산이

2008년부터 2015년까지 주식회사 케이티앤지로부터 연초박 2,420톤을 퇴비원료로 반입하여 2014년에 퇴비 68톤 생산에 사용하였고, 나머지는 허가받지 않은 유기질비료의 원료로 사용한 사실이 적발되지 못함.
▷조치 사항: 관련자 13명 주의 촉구

④ (대기오염물질 배출사업장에 대한 지도·점검 부적정) 익산시는 금강농산의 대기배출시설을 2016년 말까지 8회 지도·점검하면서 아무런 지적을 하지 않다가 암 발병 문제가 제기되자 그동안 있었던 배출시설 문제 등을 뒤늦게 지적 및 고발
▷익산시 대기배출시설 사업장 점검업무 담당자들은 대기배출시설 점검하면서 통합점검규정의 착안 사항에 따라 적정하게 점검하여야 하는데도, 2017. 1. 5.에야 대기배출시설 미신고 및 대기오염방지시설 미설치를 사유로 사용중지 명령하는 등 금강농산의 대기배출시설 관련 점검을 소홀히 함.
▷조치 사항: 관련자 6명 주의 촉구

⑤ (악취 배출사업장에 대한 지도·점검 부적정) 익산시는 금강농산을 중점관리등급으로 분류하지 않고, 신고대상시설로 지정하지 않은 채 민원 발생 시에만 점검하여 대기오염물질 배출 관리 소홀
▷금강농산이 2010년부터 2011년까지와 2015년부터 2017년까지 1년 이내에 2회 이상 악취 관련 민원을 유발하고, 3회 이상 개선 권고를 받았으므로 2012년, 2016년, 2017년에 위 업체를 악취 관련 중점관리등급으로 분류해야 하는데도 분류하지 않음.
▷악취 민원이 2015. 4. 9.부터 1년 이상 지속되었고, 2015. 7. 27.부터 2017. 1. 5.까지 악취 배출허용기준을 4회 초과하여 신고대상시설 지정요건을 충족하였는데도 2017년 4월까지 신고대상시설로 지정·고시하지 않았음.
▷그 결과 금강농산은 익산시의 정기 지도·점검에서 누락되고, 신고대상시설로도 지정되지 않아 악취배출시설이 체계적으로 관리되지 않는 불합리한 결과를 초래
▷익산시는 악취 민원을 2006. 6. 8.부터 2017. 3. 28까지 10년 9개월간 23회 접

수하였고, 관련된 악취 배출허용기준 검사를 30회 실시하였음. 그런데 익산시는 2006. 6. 8.부터 2009. 6. 25.까지 약 3년간 5회의 민원이 제기되고 악취 검사 결과 허용기준을 초과(3차례)하자 그때마다 개선 권고 등을 하고 추후 재검사 결과 배출허용기준에 적합하면 민원을 종결함에 따라 동일 민원이 제기되었고 같은 기간 12회의 악취 검사만 반복하였음.

▶ 익산시는 2009. 11. 20부터 2010. 3. 24까지 제기된 4회의 민원에 대해 금강농산이 2010년 6월 말까지 악취저감시설 및 시설개선보완공사를 할 계획이라는 회신만 하고, 배출허용기준 조사를 실시하지 않았음.

▶ 익산시는 2013. 4. 10. 장점마을 주민 9명이 암에 걸리고 5명이 사망하였다는 언론 보도로 익산시가 금강농산에 대해 환경조사를 한다고 발표하였으나 악취의 원인에 대한 조사 없이 같은 해 4.8. 악취 검사 결과 허용기준 이내라는 사유로 악취 관련 문제없다고 민원을 종결함.

▶ 조치 사항 : 관련자 6명 주의 촉구 – 감사원「익산 장점마을 집단 암 발생 사건 관련 지도·감독 실태 감사보고서」중

행정은 누구 편?

환경부 역학조사 결과와 감사원 감사 결과에서 드러났듯이 장점마을 집단 암 발병 사건은 금강농산의 불법행위와 인허가 기관의 관리 감독 부재로 발생한 것이다.

그동안 익산시와 전라북도 보건 당국은 공장 아래에 있는 저수지에 폐수가 유입되어 물고기가 떼죽음 당하고, 주민들이 악취 고통 때문에 응급실에 실려 가고 했어도 별다른 조처를 하지 않았다.

아래 '금강농산 악취 민원 및 검사 내역'을 보면 주민들이 공장 운영

초기부터 수차례 민원을 제기하였지만, 익산시는 악취 조사만 했다. 익산시는 악취 조사 결과 법적 기준을 어겨도 개선명령 등 가벼운 처분만 했다.

금강농산이 연초박을 공장 앞마당에 불법으로 쌓아 놓고, 대기배출시설에 공기조절장치를 불법으로 설치하고, 대기배출시설에서 특정대기유해물질인 니켈이 법적 허용기준보다 초과 배출된 것을 적발한 건 2016년 9월 이후부터 2017년 초까지 이루어진 것이다.

> "공무원들이 온다는 것을 공장에서 먼저 알고 있었다. 온다고 하면 버너 불을 꺼버린다. 불을 안 꺼도 약하게 하거나 연기가 30%만 나게 했다."
> (김인수 전 이장)

표5. (유)금강농산 악취 민원 및 검사 내역

민원일	민원방법	측정일	측정지점	법적기준	검사결과	조치내역
2006. 6. 8.	전화	2006. 6. 28.	배출구	500	1,442	개선권고
		2006. 10. 17.	〃	500	1,000	조치명령
		2007. 1. 12.	〃	500	300	적합
		2007. 8. 17.	〃	배출시설 수리로 검사 미실시		
		2007. 9. 7.	〃	500	448	적합
2008. 2. 18.	전화					
2008. 4. 11.	〃					
		2008. 6. 10.	배출구	500	1,000	개선권고
		2008. 9. 25.	〃	500	448	적합
		2008. 11. 11.	〃	500	669	개선권고
		2008. 12. 22.	〃	500	448	적합
		2009. 3. 9.	〃	500	669	개선권고
		2009. 6. 9.	〃	500	373	적합
2009. 6. 18.	전자민원					
2009. 6. 25.	신문고(도청)					
		2009. 6. 30.	배출구	500	669	개선권고

		2009. 10. 13.	〃	500	448	적합
2009. 11. 20.	시 홈페이지					
2009. 12. 16.	신문고(도청)					
2010. 2. 18.	〃					
2010. 3. 24.	〃					
2010. 9. 22.	〃					
2010. 9. 24.	〃					
2010. 9. 28.	시 홈페이지					
2010. 10. 1.	전자민원					
		2010. 10. 7.	배출구	500	1,000	개선권고
		2010. 12. 29.	〃	500	669	조치명령
		2011. 3. 24.	부지경계	15	8	적합
2011. 8. 23.	미상					
		2011. 8. 31.	배출구	500	1,442	개선권고
		2011. 11. 24.	〃	500	2,080	조치명령
		2012. 4. 6.	〃	500	448	적합
		2013. 4. 8.	〃	500	300	〃
		2014. 2. 25.	〃	500	448	〃
2015. 4. 9.	전화					
2015. 7. 16.	〃					
2015. 7. 22.	〃					
		2015. 7. 27.	배출구	500	2,080	개선권고
		2015. 7. 27.	부지경계	15	5	적합
		2015. 12. 7.	배출구	500	300	〃
2016. 2. 26.	전화	2016. 2. 26.	〃	500	300	〃
2016. 4. 25.	〃	2016. 4. 25.	부지경계	15	14	〃
2016. 7. 19.	민원콜센터	2016. 7. 20.	〃	15	8	〃
2016. 9. 5.	전화	2016. 9. 5.	배출구	500	4,481	개선권고
		2016. 11. 30.	〃	500	300	적합
2017. 1. 5.	–	2017. 1. 5.	〃	500	6,694	개선권고
		2017. 1. 5.	부지경계	15	20	개선권고
2017. 3. 28.	전화					
		2017. 4. 5.	개선 미이행			조치명령

자료 출처: 《익산 장점마을 집단 암 발생 사건 관련 지도·감독 실태 감사보고서》 감사원 2020. 7.

표6. (유)금강농산 폐기물처리업 지도점검 및 행정처분내역

점검일	위반사항	조치내역	비고
2007.11.14.	지정폐기물(주정박) 부적정보관에 따른 주변 환경오염	행정처분 (조치 명령)	폐기물
2007.12.28.	지정폐기물 적정 보관처리 이행 여부	유출된 폐유 및 부적정보관 폐유 전량 위탁처리	폐기물
2010. 8.31.	비료관리법, 폐기물관리법, 악취방지법 저촉 여부 특이사항 발견 못 함	-	비료, 폐기물, 악취
2013. 4. 8.	폐기물 적정처리 여부 특이사항 발견 못 함 (악취 포집 검사의뢰)	-	폐기물
2015. 9. 1.	폐기물 적정처리 여부 특이사항 발견 못 함	악취 배출허용기준 초과로 개선권고 기간임	폐기물
2016. 9. 5	악취 배출허용기준 부적합 (500⇒4,481)	개선권고(9.27) 2016.9.27.~11.26.	악취
2016. 9.22.	폐기물(담뱃가루, 폐유) 부적정 보관	고발 및 행정처분, 과태료 부과 과징금(1,000만 원) 과태료(300만 원)	폐기물
2016. 9. 22.	공공수역에 특정 수질 유해물질 및 유류 유출	고발 벌금(300만 원)	폐수
2016. 10. 20.	부적정보관 폐기물 적정처리 여부 점검	부적정 보관된 폐기물 적정처리	폐기물
2017. 1. 5.	악취 배출허용기준 부적합 (500⇒6,694)	개선권고(2.2) 2017. 2. 2.~3.20.	악취
2017. 1. 5.	미신고 대기 배출시설 설치·운영(혼합시설)	고발 (사용중지)	대기
2017. 1. 5.	폐수방지시설 설치 면제자 준수사항 미이행	과태료 (200만 원)	폐수
2017. 2.21.	비점오염저감시설의 설치기준 위반	개선명령 2017. 2.22.~8.25.	비점오염원
2017. 2.21.	비점오염저감시설의 관리·운영기준위반	이행 명령 2017. 2.22.~8.25.	비점오염원
2017. 2.22.	사용 중지 명령 미이행 (혼합시설)	고발 (사용중지)	대기
2017. 2.22.	폐수배출시설 변경 신고 미이행(처리방법 및 공정)	경고 과태료(60만 원)	폐수
2017. 3.13	대기배출시설 공기조절장치 설치	고발 (조업 정지 10일) 2017.3.30.~4.8.	대기
2017. 3.13	대기배출시설 변경 신고 미이행	경고 과태료(60만 원)	대기
2017. 3.13	폐수배출시설 및 방지시설 운영일지 거짓 작성	경고 과태료(100만 원)	폐수

2017. 3.14	미신고 대기배출시설 설치·운영(분쇄시설)	고발 (사용중지)	대기
2017. 3.15	소음진동배출시설 변경 신고 미이행	경고 과태료(60만 원)	소음 진동
2017. 3.21	무허가 영업	수사 의뢰 불기소 통지	폐기물 처리업
2017. 3.28. (시료 채취일 2017. 3.10.)	무허가 대기배출시설 설치 운영	고발 폐쇄 명령 2017. 4. 24.	대기

자료 출처 : 《익산시》

환경부 역학조사 보고서를 보면 익산시는 금강농산이 위반된 폐기물 실적 보고를 했음에도 내용을 제대로 확인조차 하지 않았다. 연초박 반입 현황과 퇴비 생산 및 판매 실적을 확인했다면 연초박의 불법 사용을 적발할 수 있었을 것이다.

금강농산 폐기물 실적을 살펴보면 연초박이 반입되어 재활용되었는데 재활용 제품 판매 및 보관 내용은 유기질비료밖에 없었다.

감사원은 2020년 8월 발표한 감사보고서에서 "익산시는 (유)금강농산이 퇴비 원료로 사용해야 하는 식물성 폐기물을 유기질비료 원료로 사용하겠다는 폐기물처리업 변경 신고를 부당하게 수리하였다. (유)금강농산의 폐기물처리업 폐업 신고에 대해 현지 확인을 소홀히 하여 연초박을 유기질비료 생산에 계속 사용하게 하였다."라고 했다. 익산시는 사업장에 대한 지도점검도 규정을 정한 대로 하지 않았고, 부실하게 지도·점검하였다. 대기배출시설 지도점검을 하면서 아무런 지적을 하지 않다가 암 발병 문제가 언론에 대대적으로 보도되자 뒤늦게 지적과 고발하였다. 악취에 대해 주민들이 여러 차례 민원을 제기하였는데도 중점관리등급으로 분류하지 않았고, 신고대상시설로 지정하지 않은 채 민원 발생 시에만 점검하여 대기오염물질 배출 관리를 소홀히 하였다."라고 지적하였다.

또한, 감사원은 "(유)금강농산은 2008년부터 2015년까지 연초박 2,420톤을 퇴비 원료로 반입하였지만, 퇴비를 생산한 사용한 실적은 2014년 68톤밖에 없다고 하였다."라고 하였다.

퇴비를 생산하려면 합당한 비료 생산시설이 있어야 한다. 금강농산의 퇴비 생산시설은 공장 내부 깊숙한 곳에 있었다. 벽돌로 칸막이가 되어 있고 폐기물 더미로 가려 있어서 찾기 어려웠다. 퇴비 생산시설을 확인해 본 결과 사용한 흔적은 찾을 수 없었다. 부산물 퇴비 생산 허가를 받기 위해 설치만 하고 거의 사용하지 않은 것 같다. 익산시가 퇴비 생산시설만 제대로 확인했다면 연초박 불법 사용을 적발했을 것이다.

행정기관은 금강농산의 폐기물 재활용에 대한 관리·감독뿐만 아니라 비료생산업 관리 감독도 소홀히 했다. 비료생산업 관리·감독은 2008년까지는 전라북도가, 2009년 이후는 익산시의 권한이었다. 전라북도와 익산시가 금강농산 비료생산업에 대해 관리·감독한 실적은 없다. 역학 조사과정에서 연초박 불법 사용이 밝혀지면서 익산시는 2019년 2월 26일에야 금강농산을 비료관리법 위반 혐의로 익산경찰서에 고발하였다. 그전까지는 어떠한 행정조치도 한 적 없다. 금강농산이 신고한 대로 비료를 생산하고 있는지 서류 검토만 제대로 했어도 불법행위를 적발할 수 있었을 텐데 그렇게 하지 않았다.

「비료관리법 제19조」에 따르면 익산시장은 금강농산이 신고한 제조

원료 이외의 물질을 사용하여 비료를 제조하는 경우 판매중지 등 조치를 취해야 하며, 제20조 제1항 제5호에 따른 등록취소 등 처분을 해야 한다. 또한, 「비료관리법 제18조」에 따르면 행정기관은 비료의 품질 관리를 위하여 필요하다고 인정할 때는 품질을 검사할 수 있다. 「법 제19조」에 의거 신고한 제조 원료 외의 물질을 사용하여 제조한 비료에 대해서는 판매중지 조치를 명할 수 있다. 하지만 전라북도와 익산시는 금강농산이 연초박을 불법 사용하여 유기질비료를 생산하였는데도 이를 적발하거나 품질검사를 한 적이 없다.

"퇴비를 만든 적이 없다. 퇴비를 생산한다고 김제에서 퇴비원료를 가져다가 포장을 한 적이 있지만, 여기에서 직접 만든 적은 없다. 퇴비를 만든다고 중고기계를 사다가 설치하고 한 번도 사용하지 않았다. 익산시가 나오면 보여주기 위해서 그랬는지 모르겠다. 퇴비 생산시설인지는 알고 있었다. 퇴비를 만들면 제품을 빼내야 하는데 담으로 완전히 쌓여 막혀있다. 만들어도 제품을 빼낼 곳이 없다.
2016년 11월 폐업 신고 후에도 연초박이 엄청 많이 남아 있었다. 익산시에는 보관 폐기물을 다 사용했다고 신고를 하였지만, 그것을 다른 원료와 다 섞어 뒤집어 버렸다. 그래서 원료에서 담배 관련 발암물질이 나온 것이다. 무엇인지 모르게 섞어 놓고 계속 유기질비료를 만들어 버렸다.
익산시가 정기점검을 법대로 실시하였다면 금강농산 위법 사실을 충분 알 수 있었을 것이다. 연초박이 공장 마당에 쌓여있고, 유기질비료 밖에 안 만들었기 때문에 자주 왔으면 충분히 알 수 있었을 것이다.
1년에 한 번만 와서 제대로 봤어도 알 수 있을 것이다. 혼합장소에서 혼합되기 전에 적재된 상태로 있는 경우에는 당연히 이 원료가 무엇인지 알 수 있고, 포크레인 작업을 통하여 이미 혼합이 되어있는 경우라도 군데군데 원료들이 뭉치로 존재하기 때문에 충분히 확인할 수 있었다.
업체가 24시간 240일 가동하는 것으로 신고하였는데, 실제로는 365일 가동하였고, 추석날도 하루만 쉬고 일했고, 하루에 3교대로 일했다. 시가 원망스럽고, 주민들은 불안감과 고통을 호소하고 있다. 죽은 사람들 여한

이라도 풀어주게 정당한 피해보상을 해주었으면 좋겠다."
(김인수 전 이장)

전라북도지사와 익산시장에게 피해대책 촉구

감사원 공익감사 결과 행정기관의 잘못이 드러났다. 하지만 익산시를 감사한 내용 주로 나왔을 뿐 감사대상인 전라북도의 감사내용은 거의 없는 결과였다. 주민들은 2020년 8월 11일 전북도청 앞에서 피해대책을 촉구하는 기자회견을 하였다.

주민들은 기자회견에서 "8월 5일 감사원이 발표한 '익산 장점마을 집단 암 발생 사건 관련 공익감사'결과 익산시의 부당행위와 관리 감독 부실이 드러났다."라고 하였다.

주민들은 "감사원 감사 결과 익산시는 (유)금강농산이 퇴비원료로 사용해야 하는 식물성 폐기물을 유기질비료 원료로 사용하겠다는 폐기물처리업 변경 신고를 부당하게 수리하였고, (유)금강농산의 폐기물처리업 폐업 신고에 대해 현지 확인을 소홀히 하여 연초박이 유기질비료 생산에 계속 사용하게 하였다. 익산시는 사업장에 대한 지도점검도 규정에서 정한 대로 하지 않고 부실하게 지도·점검하였으며, 대기배출시설 지도점검을 하면서 아무런 지적을 하지 않다가 암 발병 문제가 제기되자 뒤늦게 지적 및 고발하였다고 하였다. 또한, 악취에 대해 주민들이 여러 차례 민원을 제기하였는데도 중점관리등급으로 분류하지 않고, 신고대상시설로 지정하지 않은 채 민원 발생 시에만 점검하여 대기오염물질 배출 관리를 소홀히 하였다."라고 하였다.

그러면서 환경피해의 심각성에 반하는 가벼운 징계 요구에 대해 강하게 지적하였다. 주민들은 "감사원이 '익산시가 폐기물처리업 사업장인 ㈜금강농산에 대해 정기 지도·점검을 부실하게 하여 연초박이 유기질 비료의 원료로 사용한 사실이 적발되지 못하였다.'라고 지적하고 관련자를 '주의' 조치 요구한 것은 사태의 심각성을 가볍게 보고 있는 것으로, 장점마을 사태의 심각성을 고려했다면 관련자에 대해 '주의'가 아니라 중징계를 요구해야 마땅하다."라고 지적하였다.

여기에 "감사원이 비료생산 관련 전라북도와 익산시의 관리 감독 부재에 대해 감사를 실시하지 않은 것은 문제가 있다."라며 "전라북도와 익산시는 ㈜금강농산이 신고한 제조 원료 이외의 물질을 사용하여 비료를 제조·판매하였다면 판매중지 및 생산업 등록취소 처분을 해야 하는데 이를 적발하지 않았다. 감사원 감사 결과를 보면 ㈜금강농산은 2008년부터 2015년까지 연초박 2,420톤을 퇴비원료로 반입하였지만, 퇴비를 생산한 사용한 실적은 2014년 68톤밖에 없다고 하였다."라고 지적하였다.

이어 "비료생산업 관리 감독기관인 전라북도(2008년까지 업무)와 익산시가 연초박 사용에 대한 생산실적을 제대로 확인하지 않은 것은 관리 감독을 하지 않았다는 것으로 당연히 책임을 져야 한다."라고 주장하였다.

주민들은 "감사원 감사결과에 대해 주민들은 만족할 수 없지만, 감사 결과로 장점마을 주민들의 집단 암 발병 사태에 대한 행정기관의 책임이 드러났다. 부적정하고 부실한, 봐주기 행정행위 때문에 주민들이 집단으로 암에 걸려 사망하였다."라며 "전라북도지사와 익산시장은 죽은 주민을 살려내고 모든 피해에 대한 대책을 마련해야 한다."라고 촉구하였다.

기자회견 사진 : 장점마을 주민들은 전북도청 앞에서 전라북도지사와 익산시장에게 죽은 주민 살려내고, 피해대책 마련을 촉구하는 기자회견을 하였다.

행정을 상대로 손해배상 소송

2020년 7월 13일 주민들의 법률대리인인 민변 전북지부는 전북도의회에서 기자회견을 하였다. 민변은 기자회견에서 전라북도와 익산시를 상대로 손해배상 소송에 나선다고 발표하였다. 민변은 전라북도와 익산시가 비료생산업과 폐기물관리업을 허가한 행정기관으로써 적법하게 비료를 생산하는지 관리 감독해야 하는데 그 역할을 다하지 않았다고 하였다. 민변은 전라북도와 익산시가 피해배상에 소극적으로 임하고 있다고 하였다. 책임에 통감한다면 지금이라도 주민 고통에 대한 법적 책임을 다해야 한다고 하였다. 또한, 민변은 이번 소송을 시작으로 정부와 KT&G 등에 대한 소송도 검토하고 있으며, 소송의 최종 목적은 장점마을 내외의 환경오염을 항구적으로 제거하는 데 있다고 하였다.

소송에 참여한 주민들은 암 발병 사망자 상속인, 암 투병 주민, 마을 거주 주민 등 176명이며, 소송액은 157억 원이다. 민변 전북지부는 장점마을 소송액 산출은 2017년 법원 위자료 연구반에서 발간한 연구보고서를 기초로 했으며, 장점마을 주민들이 요구한 소송액은 연구보고서에서 정한 위자료의 중간값으로 했다고 하였다. 민변이 제시한 손해배상액은 암 사망자 3억 원, 암 투병자 2억 원, 거주 주민은 거주연수에 월 100만 원을 곱한 것이다.

민변 전북지부는 7월 14일 손해배상 소송에 앞서 전주지방법원에 민사조정신청서를 제출하였다.

장점마을 주민들이 민사조정신청서를 제출하자, 익산지역 시민사회 단체로 구성된 '익산 환경문제 해결 범시민공동대책위원회(이하 환경공대위)'는 시장과의 간담회 자리에서 민사조정에 적극적으로 임할 것을 요청한다. 환경공대위의 요청에 익산시장은 "소송을 통해 결정되면 우리 시가 책임질 수 있는 부분은 책임을 지겠다. 국가배상으로 되어있고, 관련 직원들의 구상권 문제가 있어 심도 있게 접근 중이다."라고 답변하였다.

장점마을 민관협의회도 긴급회의를 통해 익산시가 민사조정에 임할 것을 요구하였다. 민관협의회 위원들은 정부가 인과관계를 인정한 첫 사례이므로 익산시가 피해소송과 후속대책까지 마련하는 모습을 보여주어야 한다고 요구하였다.

10월 26일 주민들은 전북도청 앞에서 전라북도와 익산시가 민사조정에 적극적으로 임할 것을 촉구하는 기자회견을 하였다.

주민들은 기자회견에서 "장점마을 집단 암 발병 사태는 기업의 탐욕과 공공기관의 무책임이 빚어낸 참사로 당사자들은 반드시 책임을 져야 한다."라며 "주민들이 17년 동안 여러 번 제기한 고통과 호소를 무시하고, 공무원으로서 책임을 등한시한 결과가 장점마을 집단 암 발병 사태의 가장 큰 원인이다."라고 하였다.

주민들은 "주민들이 익산시와 전라북도를 상대로 손해배상소송을 제기한 것은 다수의 주민이 암에 걸려 사망하거나 투병하고 있는데 소송 말고는 피해배상을 받을 길이 없기 때문이다. 국가배상법 제2조 제1항에도 국가나 지방자치단체는 공무원 직무를 집행하면서 고의 또는 과실로 법령을 위반하여 타인에게 손해를 입히면 그 손해를 배상하게 되어 있다."라며 "행정기관의 부적정한 업무로 주민들이 집단으로 암에 걸렸으면 스스로 책임을 지겠다고 나서는 것이 아니라 재판을 통해 주민들을 이겨보겠다고 하는 것은 장점마을 사태에 대해 전혀 반성하지 않고 있다는 것으로 그동안 보여준 사과와 눈물은 비난을 모면하기 위한 수단이며, 악어의 눈물이라고 밖에 생각되지 않는다."라고 주장하였다.

주민들은 "장점마을 사태 재발 방지를 위해서라도 분명한 손해의 배상과 제대로 된 후속대책을 확실히 세워야 한다. 정부의 공식 첫 인정

이후 제대로 된 피해배상과 환경복원, 마을공동체 회복의 첫 번째 사례를 만들어야 한다. 익산시와 전라북도가 장점마을 사태에 대한 책임을 통감한다면 재판으로 가지 말고 10월 28일 있는 민사조정에 적극적으로 임해야 한다."라며 "익산시와 전라북도는 법원의 조정을 받아들이고 피해배상 관련 소송을 마무리하라"라고 촉구하였다.

기자회견 사진 : 장점마을 주민들이 전북도청 앞에서 전라북도와 익산시는 민사조정에 적극적으로 임하라고 촉구하고 있다.

피해배상 소송에 앞선 민사조정은 자칫 피해에 대한 행정의 책임과 책임소재가 불분명한 보상 간에 줄다리기 게임이 될 수도 있음을 알게 해주었다.

2020년 10월 28일 민사조정 1차 기일이 전주지방법원에서 열렸다. 1차 민사조정은 합의점을 찾지 못한 채 마무리되었다. 전라북도와 익산시 측 법률대리인이 "주민 암 발병과 비료공장 사이에 인과관계를 더 검토해야 한다."라는 취지의 주장을 하면서 합의점을 찾지 못한 채 성과 없이 끝났다.

2차 민사조정은 같은 해 12월 10일에 있었다. 익산시와 전라북도는 50억 원의 조정안을 제출했다. 암 사망자와 투병자에게 위로금 25억, 거주 주민에게 지역발전기금 25억 원을 지급하겠다는 안이다. 향후 법적 책임을 묻지 않겠다는 단서조항도 붙였다. 익산시는 "가습기 살균제 특별법이라든지 여러 가지 구제 급여 형식이 있는 형태를 참조해서 행정에서 할 수 있는 부분을 최대한 노력해서 안을 마련했다."라고 설명했다.

2차 민사조정도 합의점 없이 결렬됐다. 주민들은 기준도 없이 조정안을 제시해 정치적 부담을 떠넘기고 있다고 주장했다.

소송대리인인 홍정훈 변호사는 "익산시와 전북도는 마을에 50억 원을 지급하고 주민들이 알아서 나눠 갖는 형태를 제시했다. 받아들이기 어려운 금일뿐더러 총액만 던져주고 알아서 분배하라고 하면 주민들 사이에 분란이 일어날 수밖에 없다"라고 답답함을 토로했다.

3차 민사조정은 해를 넘어 2021년 1월 28일에 있었다. 주민들은 청구액의 50%인 80억 원을 지급할 것과 암 치료비 지원을 5년 연장해줄 것과 조정안으로 제시하였다. 하지만 주민들이 제출한 조정안에 대해 전라북도와 익산시가 원래 입장을 고수하면서 민사조정은 종결되었다.

민사조정이 종결되고 얼마 지나 소송 관련 간담회가 열렸다. 3월 2일 열린 간담회는 익산시가 행정 측 변호사에 의뢰하고, 행정 측 변호사가 민변 전북지부와 협의하여 만들어졌다. 간담회에는 행정 측 변호사 2명, 민변에서 김용민 지부장과 홍정훈 변호사 외 1명, 전라북도 담당자,

익산시 환경정책과장, 최재철 주민대책위원장 외 주민 6명 및 필자도 참석하였다. 간담회는 양측 변호사와 행정이 앞서 논의하고 이후에 열린 간담회에서 협의가 이뤄진 내용을 주민들에게 보고하는 형식으로 이루어졌다.

간담회를 통해 조정과 소송을 분리하기로 하였다. 진료기한과 진료비 지원액은 익산시가 관련 조례를 제정하여 안정적으로 보장하기로 하였다. 행정 측 변호사는 간담회 자리에서 "조정 합의를 하면 전체 소송인과 합의하는 것이 원칙이지만 소송인 수가 많아 전체 의견을 하나로 모으기 어려우므로 주민 의견 조사를 통해 분리하기로 하였다. 장기간 진행될 수 있는 소송으로 인해 주민들 고통이 예상되고, 결과 또한 예측할 수 없으므로 조정과 소송을 분리하기로 하였다. 소송을 통해 심판을 받고자 하는 주민은 소송하고, 다수의 주민이 합의하겠다고 하면 주민들 처지를 고려해서 합의하기로 했다."라고 하였다. 조정액은 애초 행정에서 제안한 위로금을 기준으로 하기로 하였다.

주민들이 제안한 진료비 지원액 확대와 진료 기간 연장에 관해서는 조례로 제정하여 정하기로 하였다. 익산시는 진료비를 안정적으로 지급하기 위해서는 관련 규정 제정이 필요하다고 하였다. 익산시는 암 진료비 본인 부담금 최고액을 지원할 계획이며, 그 이상 지급이 필요할 때는 별도의 심의위원회 논의를 거쳐 지급하는 것을 모색하겠다고 하였다. 책임지겠다는 행정의 조정내용을 듣고 그동안 실망감이 큰 주민들 입장에서는 건강관리 요청사항이 어느 정도 합의되면서 그나마 간담회 면이 설 수 있었다.

3월 29일 소송 관련하여 2차 간담회가 열렸다. 2차 간담회는 3월 2일에 있었던 간담회에서 잠정 합의한 내용을 구체화하기 위해 열렸다. 간담회에서 협의한 내용은 익산시가 의료비 지원 관련 조례안을 정리하여 4월 12일까지 민변에 공문으로 보내기로 하였다. 민변은 시에서 받은 조례 내용과 위로금 지급 방식을 정리하여 주민들에게 안내장을 발송, 주민들의 의견을 취합하여 이후에 만나 최종 합의를 하기로 하였다.

익산시가 작성한 '환경오염 피해자 의료 지원 조례안'을 살펴보면, 대상 질환은 장점마을 역학조사 결과 인정된 환경성 질환인 암과 피부질환으로 하였다. 지원 기간은 환경성 질환 치료 기간으로 정하였다. 의료비 지원은 급여항목에 대해서는 국민건강보험법에서 정한 본인부담상한액인 584만 원까지, 비급여 항목에 대해서는 본인부담상한액 중위 분위에 해당하는 282만 원까지 지원할 수 있도록 하였다.

또한, 조례에서 설치한 '환경오염피해심의회'가 특별히 인정한 경우에는 비급여 지원금액을 초과하여 지원할 수 있으며, 심의회가 특별히 인정한 질환도 지원 대상 질환에 포함할 수 있게 하였다.

제 10 장

수동적인 익산시

공장을 낙찰받은 업체는 주민들의 반대에도 생산시설을 전부 철거했다.

민관협의회 익산시에 예비조사 용역 시행 요구, 하지만 익산시 부정적

2017년 봄에 장점마을 문제가 본격적으로 세상에 알려지고 청원이 진행 중일 때 민관협의회 민간위원들은 구성 초기부터 익산시에 금강농산과 마을에 대해 환경오염실태 예비조사 용역을 해야 한다고 요구하였다.

민간협의회 위원들이 익산시에 예비조사를 요구한 것은 앞으로 진행될 환경부 역학조사 방향과 내용이 어떻게 될지 알 수 없었기 때문이다. 역학조사 과정에 주민들 의견을 반영시키기 위해서는 사전 조사를 통해 익산시 안을 가지고 있을 필요가 있다고 판단했다.

민관협의회 위원들의 예비조사 용역 실시 필요성 요구에 익산시는 부정적이었다. 익산시는 환경부가 역학조사를 할 텐데 왜 예비조사를 하는지 모르겠다는 태도였다. 그래도 민관협의회 위원들의 반복된 요구에 익산시는 뒤늦게 예비조사 용역을 수용하였다.

예비조사는 김세훈 박사팀(전북대, 전북녹색환경지원센터)에서 실시하였다. 예비조사는 2017년 8월 21일부터 11월 20일(3개월)까지 진행되었다.

불행하게도 예비조사에서 직접 방문하여 실시하려 했던 공장 내부 조사는 제대로 하지 못했다. 금강농산은 시료 채취 작업에 협조하지 않았다. 8월 30일 시료 채취를 위해 공장을 방문했는데 공장 측과 한참 동안 옥신각신 논쟁만 하고 돌아왔다. 공장 관계자는 조사기관이 채취한 시료를 공장도 나눠 달라고 했다. 검사 결과에 대해 신뢰하지 못할 상황이 발생할 수도 있어 용역기관에서 채취한 시료를 별도로 보관하겠다는 것이다.

조사팀과 익산시는 공장 측에서 사전에 이야기한 적도 없고, 시료를 담는 용기나 백도 준비되지 않아 그렇게 할 수 없다고 했다. 자체적으로 필요하다면 공인기관에 의뢰하여 별도로 시료를 채취하는 것이 타당하다고 이야기했다.

한참 논쟁하고 있는데 공장 노동자 중 한 명이 싸울 기세로 화를 내며 큰소리를 쳤다. 공장대표도 큰소리로 모두 나가 달라고 했다. 금강농산의 비협조로 시료 채취를 하지 못하고 철수하였다.

금강농산의 거부로 공장 관련 시료는 주민들이 보관하고 있는 유기질 비료와 비료원료, 연초박, 폐수 등을 활용했다. 시료 작업은 마을 음용용 지하수, 농업용 지하수, 공장 아래 소류지 저질토, 공장 경계 주변 토양, 공장 우수가 유입되는 비점오염 저감시설 등에서 이루어졌다. 공장이 있는 함라산 지하수 흐름을 고려하여 장점마을 옆 마을인 왈인, 장고재에서도 몇 개의 지하수 시료를 채수했다.

예비조사 결과, 장점마을과 주변 마을 농업용, 음용용 모든 지하수에서 나프탈렌과 질산성 질소가 검출되었다. 나프탈렌은 PAHs의 한 종류다. 국제암연구소는 나프탈렌을 발암물질 등급 '그룹 2B(인체에 암을 일으킬 가능성이 있는 물질)'로 지정하고 있다. 공장 내외에서 채취한 공장 관련 모든 시료에서도 PAHs가 검출되었다. 저수지 저질토에서는 벤조피렌

(benzo(a)pyrene) 등 14종의 PAHs가 검출되었다. 마을에서 보관하고 있는 유기질비료와 공장 경계 고랑 퇴적물에서도 벤조(a)피렌 등 PAHs가 검출되었다. 벤조피렌은 발암물질 등급 '그룹 1(인체에 대한 충분한 발암성 근거가 있는 물질)'에 해당하는 유해물질이다.

예상치 못한 조사 결과는 익산시를 움직이게 하였다. 익산시는 주민들이 식수로 사용하고 있는 지하수에서 나프탈렌이 검출되자 시 예산을 들여 상수도 급수공사를 시행하였다.

예비조사 용역 결과는 이후에 환경부에서 시행한 역학조사에서 선행 연구 자료로 활용되었다.

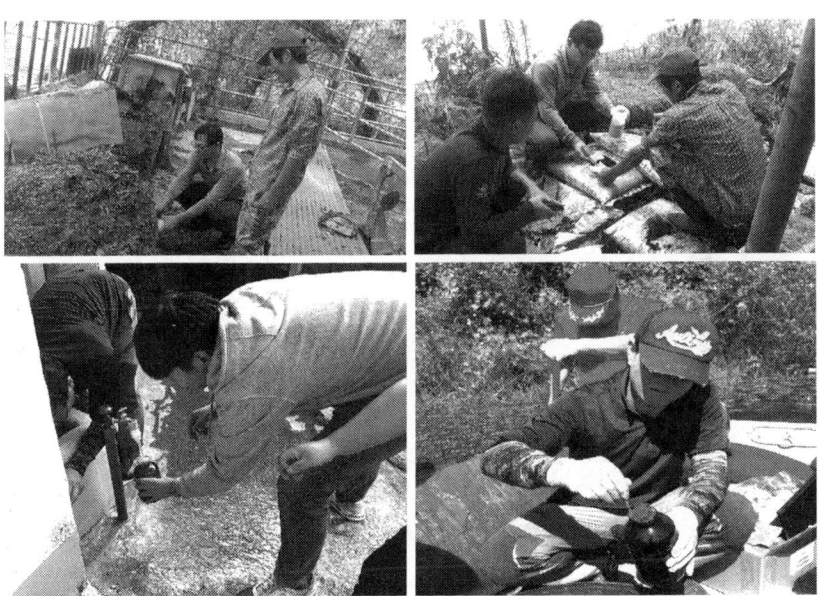

예비조사 시료 채취 사진 : (위 사진) 마을에서 보관하고 있던 연초박, 유기질비료 시료를 채취하고 있다. (아래 사진) 음용용 지하수 시료와 늪지 저질토 시료를 채취하고 있다. 이 시료 채취 작업에는 김세훈 박사팀, 김인수 이장, 최재철 주민대책위원장, 익산 해병전우회 대원들이 함께했다.

폐기물 불법매립 사실에도 물증 없이는 굴착이 어렵다는 익산시

주민들은 여러 차례 공장 마당에 폐기물이 불법으로 매립되어 있다고 이야기를 했고, 이후 주기적으로 폐기물 굴착이 필요하다는 의견을 내놓았다. 식당 아래에 폐기물이 묻혀있고, 마당에도 매립되어 있다고 했다. 민관협의회 위원들도 익산시에 주민들이 폐기물 불법매립을 주장하니, 굴착을 해보자고 제안하였다. 하지만 익산시는 폐기물 굴착 확인에 계속해서 미온적인 태도를 보였다.

결국, 폐기물 매립 여부 확인은 국립환경과학원이 시료 채취 작업을 직접 하게 되면서 가능했다. 국립환경과학원은 익산시와는 다르게 폐기물 매립 확인에 동의하였다.

마을 주민의 증언이 매우 구체적이었지만 폐기물 매립 확인에 걱정이 없었던 것은 아니었다. 식당 아래에 폐기물이 묻혔다는 이야기를 듣고 '콘크리트로 된 바닥 아래에 폐기물을 묻었을까?' 하는 의심도 했었다. 시추하면서 콘크리트 구조물의 철근 때문에 애를 많이 먹었지만, 증언은 사실이었다.

식당 아래 시추 작업은 쉬운 일이 아니었다. 트럭에 부착된 시추기는 식당 출입문에 걸려 안으로 들어갈 수 없었다. 시추기가 안으로 들어가기 위해서는 식당 출입문과 지붕을 뜯어내야 했다. 마을 주민들이 나서서 지붕 패널과 출입문을 철거하면서 매립 확인을 위한 시추가 가능했다.

식당 바닥 아래에는 폐수 찌꺼기(검은색 세정수나 응축수 등 고농도 세정폐수 오니와 폐콘크리트 잔해물)가 가득했다. 폐수처리장을 콘크리트로 덮어버리고 그 위에 식당을 지어 사용하고 있었다.

공장 앞마당, 굴뚝 아래도 시추한 결과 4m 깊이의 폐기물 층이 발견되었다. 국립환경과학원 시료 채취 작업 중에 시추하지 않았다면 폐기물 불법매립 확인은 어려웠을 것이다.

식당 아래 폐수슬러지에서는 벤조피렌을 포함한 PAHs가 검출되었고, 식당 앞 매립된 폐기물과 매립지 지하에서도 PAHs 뿐 아니라 TSNAs까지 확인되었다.

지상과 지표와 지하의 모든 곳에서 유해물질이 검출된 것은 역학조사의 성과이겠지만 그만큼 공장이 유해물질을 제대로 관리하지 않고 방치 수준으로 운영했다는 것을 방증해주었다.

폐기물 매립 확인 조사 사진 : 식당 바닥을 시추하고 있다. 시추한 결과 폐수 찌꺼기 층이 발견됐다. 폐기물 매립 확인을 위해 공장 앞마당을 굴착 하고 있다.

금강농산의 폐기물 불법매립이 확인되자 주민들은 2018년 11월 18일 전북도청에서 폐기물 불법매립 전수조사와 수사를 촉구하는 기자회견을 하였다.

주민들은 기자회견에서 "익산 장점마을 집단 암 발생 원인으로 지목되고 있는 비료공장(금강농산)에서 불법으로 공장용지 내에 지하 폐기물 저장 탱크를 만들고 수년 동안 저장해온 것이 확인되었다. 비료공장은 지하 폐기물 저장 탱크를 은폐하기 위해 탱크 상부를 콘크리트로 타설하고 그 위에 건물을 짓고 식당으로 활용하였다."라며 "불법 폐기물 저장시설은 국립환경과학원이 정부 역학조사 관련 토양 오염도 조사를 위한 시추 중 확인이 되었다. 시추 물로 확인된 폐기물 층은 4.5m로 식당 면적이 25평임을 감안하면 372톤 정도의 폐기물이 매설되어 있다고 추정할 수 있다."라고 주장했다.

이어 "그동안 주민들은 비료공장 내에 폐기물이 불법 매립되어 있고, 폐수를 무단 살포하였다고 주장하였는데, 이번 폐기물 저장 탱크 발견으로 주장이 사실임이 입증되었다."라며 "비료공장에서 불법 매설한 폐기물은 공장 냉각시설과 세정탑에서 발생한 고농도 폐수 침전오니로 추정되며, 이들은 발생한 폐기물을 정상처리하지 않고 공장 옆 지하에 불법시설(콘크리트 웅덩이를 몇 개 거치면서 무거운 것은 침전시키고 난 폐수를 공장 아래 소류지와 연결된 도랑으로 배출)을 만들고 장기간 저장하다가 이를 감추기 위해 상부를 콘크리트로 타설하고 덮어 버렸다."라고 하였다.

주민들은 "익산시는 폐기물 불법 매설이 확인된 만큼 공장부지 전체를 전수 조사해야 할 것이며, 사법당국은 불법행위를 자행한 비료업체를 즉각 수사하라"라고 촉구하였다.

기자회견 사진 : 장점마을 주민들이 폐기물 불법매립 전수조사와 수사를 촉구하는 기자회견을 하고 있다. 우측 사진은 필자다. 사진 출처 : 좌측 사진 《뉴시스》, 우측 사진 《전북일보》

폐기물 매립 전수조사하자는 민관협의회, 이적 처리하면서 확인하자는 익산시

국립환경과학원 시료 채취 과정에서 폐기물 불법매립이 확인되면서 민관협의회 위원들은 익산시에 사법 경찰권을 발동하여 전수 조사할 것을 촉구하였다. 폐기물 매립량, 폐기물 성상, 오염 현황을 파악하기 위해 먼저 전수 조사하고, 전수조사 결과에 따라 폐기물 이적 처리 등 조치를 하자고 하였다.

하지만 익산시는 전수조사에 부정적이었다. 환경부 역학조사 용역과 폐기물 매립 전수조사가 서로 중복되고, 전수조사 예산을 확보하기 위해서는 추경을 해야 하므로 시기적으로 어렵다는 논리였다. 익산시는 주민피해가 우려되기 때문에 폐기물 매립지역 굴착 및 이적 처리하면서 폐기물 성상과 오염도 조사를 하자고 하였다.

익산시 입장에 대해 민관협의회는 매립량 현황이나 오염도 조사도 없이 무작정 이적 처리하면서 조사하는 것은 문제가 있다고 주장했다.

폐기물 전수조사 문제로 익산시와 3개월 정도 논쟁한 것 같다. 이후에 익산시가 민관협의회 위원들 입장을 받아들여 폐기물 매립을 전수조사하였지만, 과정이 쉽지만은 않았다.

폐기물 전수조사는 군산대 산학협력단에서 맡았고, 군산대 조사 결과 1,444톤의 폐기물이 매립된 것이 확인되었다.

민관협의회 회의를 하면서 익산시와 의견이 맞지 않아 갈등한 적이 많았다. 민관협의회 위원들 제안에 익산시가 부정적인 경우가 여러 번 있었다. 그중 폐기물 전수조사 문제는 가장 오랜 시간 동안 논쟁한 것 같다. 익산시도 이유야 있겠지만, 민관협의회는 주민들의 요구사항을 해결하고, 집단 암 발병 사태 해결을 위해 구성된 조직이라는 걸 잊고, 마치 민원 대하듯이 하는 익산시 태도는 이해할 수 없었다.

폐기물 전수조사 : 군산대 산학협력단에서 폐기물 불법매립 실태조사를 하고 있다.

공장을 보존하자는 민관협의회, 손해배상으로 위협하는 익산시

익산시와 민관협의회 간에 이해할 수 없는 일이 공장 경매 후 벌어졌다. 2017년 11월 8일 금강농산 파산이 결정되었다. 금강농산이 파산되면서 공장부지가 경매에 나왔다. 주민들과 민관협의회는 익산시가 경매에 응해 낙찰받자고 요구하였다. 익산시가 매입해서 다른 공장이 들어오지 못하도록 막아야 한다는 취지였다. 주민들은 금강농산을 유사업종 사업자가 낙찰을 받으면 피해가 계속될 수 있다고 걱정하였다. 주민들은 비료공장에 어떤 업종이든 공장이 들어오는 것을 반대하였다. 민관협의회 위원들도 피해 재발 방지와 철저한 역학조사를 위해서는 익산시가 공장을 매입하여 보존하는 것이 타당하다고 보았다.

> "공장이 2017년 4월에 멈추고 하면서 다른 업자들이 공장을 방문하는 것을 봤다. 공장이 멈춘 뒤에 다른 용도로 쓰고자 하는 사람, 유사한 공장을 운영하고자 하는 사람들이 많이 오고 있다는 것을 느꼈다. 애써서 중단시켜 놓았는데, 또다시 가동돼서 주민들에게 피해를 주면 안 되겠다는 생각이 들어 익산시장을 만나 공장 부지를 사달라고 했고, 언론을 통해서도 대대적으로 이야기를 했다."(최재철 주민대책위원장)

하지만 익산시 입장은 경매 물품에 사권이 설정되어 있어 경매에 참여할 수 없다고 하였다. 금강농산 부지는 3차 경매 과정을 거쳐 2018년 10월 29일 경북 영천시에 있는 같은 종류의 비료생산업체가 낙찰을 받았다.

공장을 낙찰받은 업체는 역학조사가 끝나기도 전에 공장 시설물을 철거하기 시작했다. 11월 29일 저녁 9시 너머 공장 중요 시설인 건조용 로

터리 킬른(가열 건조로)을 야간작업까지 하며 철거했다. 다급해진 주민들과 민관협의회 요청으로 익산시가 철거중지 협조 공문도 보내고 철거중지 및 반출 금지 명령도 하였다.

익산시는 철거중지 명령 이후 2018년 12월 6일 업체를 방문하였다. 익산시는 시설물 철거를 중단 요청하였다. 장점마을 주민들의 암 발병 원인 규명을 위한 환경오염 및 주민건강 실태조사가 제대로 진행이 되어야 하므로 금강농산 시설은 반드시 보존되어야 한다고 설득했다.

이에 업체는 일단 익산시의 시설물 철거중지 및 반출 금지 명령에 따라 금강농산 내 작업인력은 전원 철수하겠다고 하였다. 하지만, 2018년 12월 12일까지 기계장치 철거를 못 하면 계약업체에 3억 5천만 원의 위약금을 변상해야 한다고 이야기하였다. 업체는 철거중지 명령에 따라 발생한 손해액은 익산시와 장점마을 환경비상대책 민관협의회에 배상을 청구할 계획이라고 하였다.

익산시는 영천에 있는 비료업체를 다녀온 뒤, 다음 날 있었던 환경부 주관 민관합동협의회에 참석하여 방문 보고 내용을 배포하였다. 보고 내용을 받은 민관협의회 위원들은 익산시 태도에 황당함을 느꼈으며, 언성을 높여 익산시 행동을 질타하였다.

업체 대표는 2018년 12월 10일 익산시에 내용증명 우편물을 보냈다. 마을 이장한테도 같은 내용의 우편물을 보냈다. 업체는 내용증명을 통해 익산시의 '공장 철거중지 및 반출 금지' 행정 명령은 부당하므로 철회할 것을 요구하였다. 공장시설 매매계약 미이행 손실, 공장을 사용하지 못해 발생하는 다른 창고 보관료 등, 매년 40억 원의 매출 하락이 발생할 것이 예상된다고 하였다. 익산시가 행정 명령을 철회하지 않으면 모든 손해에 대해 행정적, 형사적 책임을 묻겠다고 하였다.

아래 내용은 매입업체가 익산시로 보낸 내용증명을 요약한 것이다.

"시설물은 공장 폐쇄 명령으로 가동하지 않게 되어 고철 덩어리처럼 사용되지 않는 일개 설비시설이다.

익산시와 조사원들이 설비에 잔재 되어있는 오염 의심 물질을 이미 샘플을 채취하였고 나아가 공장 내 지하까지 굴착 하여 오염 의심 물질을 모두 파악하였으므로 반출을 중지할 필요가 없다.

비료공장을 인수하였고, 비료공장을 하지 않고 창고로 사용하기 위해 그 설비를 철거 반출하고 있다. 익산시 명령 때문에 시설물을 적법하게 가동하려는 업체에 매매계약을 해 놓고 그 이행을 못 하고 있어 엄청난 경제적 손실을 보고 있다. 계약 당사자에게 3억5천만 원을 계약 위약금으로 배상해야 하고, 공장 부지에 비료 원재료 1만 톤을 적재하지 못하여 다른 창고 보관료로 월 2천만 원의 임대료 손실과 금융이자 월 1천7백 원 원의 손실 등을 합하여 매월 3천7백 원의 손실이 발생하고 있으며, 주식회사 미광에 매년 40억 원의 매출 하락이 발생한다.

행정 명령 철회 요구를 거부하면 익산시를 상대로 모든 손해에 대해 행정적, 형사적 책임을 물을 것임을 밝힌다."((주)ㅇㅇ이 보낸 내용증명 중)

업체가 손해에 대한 책임을 묻겠다고 하니까, 익산시는 황당하게도 손해배상 소송이 들어오면 주민들과 민관협의회도 배상액의 반절을 부담해야 한다고 압박하였다. 아니 협박수준이 아니었나 싶다. 익산시의 반응과 생각을 보면서 황당함이 극도에 도달하니, 말문이 막혀버렸다. 뭐라고 설명하기 어려운, 어디에 하소연하기도 부끄러운 일이 아닐 수 없었다.

"로터리 킬른은 중요 시설이다. 역학조사를 하는 데도 중요한 시설이 될 수 있다. 공장을 낙찰받은 경북 영천에 있는 회사가 그것을 떼어간다고 했다. 그래서 주민들이 못 떼어가게 막았다. 막았더니 시에서 뭐라고 하냐면 그쪽에서 시로 연락이 오는데 그것을 못 떼어가게 막으면 손해액이 40억 원 정도 발생하는데 어떻게 할 거냐고 했다. 당시 시 관계자가 '이걸 못 떼어가게 마을에서 막으면 피해액이 40억 원인데 주민들이 20억 원을 물어내라' 그렇게 이야기했다."(최재철 주민대책위원장)

이후에 익산시는 주민들의 요구로 낙찰업체로부터 부지를 매입하였다. 익산시가 매입했을 때는 이미 공장 시설물은 다 철거된 상태였다.

공장 시설물 철거 사진 : 공장을 낙찰받은 업체가 시설물을 철거하였다. 야간에 중요 시설인 로타리킬른(건조공정)을 철거하고 있다.

익산시의 모습

장점마을 환경재앙 원인 조사과정에서 보여준 익산시 모습을 보면 아쉬움이 많이 남는다. 익산시는 행정력을 동원해서 주민들의 피해 원인을 밝히기 위해 노력을 해야 했는데 그렇지 못했다.

익산시는 공장이 멈춰 있었기 때문에 시설물이 훼손되지 않게 보존을 해야 했고, 공장 안에 남아 있는 증거들이 사라지지 않도록 조치를 해야 했는데 남 일처럼 대응했다. 익산시가 장점마을 사안에 대해 심각하게 생각하였다면 공장 시설물 관리, 원료로 썼던 다양한 방치폐기물 이동 차단, 조사과정에서의 적극적인 행정력 동원 등을 통해 역학조사를 도왔어야 했다.

장점마을 역학조사를 위한 시료 샘플 작업은 공장 가동 중에 하지 못하고 멈춘 지 1년이 넘어서 시작하였다. 공장이 가동되는 시기에 청원 이야기가 나왔다면 행정에서 미리 공장 내부의 폐기물과 원료를 확보하고, 시료 채취 등 사전 대응을 했으면 좋았을 텐데 그렇지 않았다. 환경부 환경보건위원회의 논의가 깊어지는 그해 7월쯤에 마을 이장의 강력한 요구로 어쩔 수 없이 시료 채취를 진행하였다. 역학조사가 진행될 때에는 공장은 폐쇄된 상태였고 내부에 남아 있던 의심 가는 폐기물도 상당히 사라진 뒤였다. 특히 연초박은 확인할 수 없었다. 다행히 마을에서 일부 보관하고 있어서 분석할 수 있었지만, 범죄 사건으로 보면 증거가 상당히 인멸된 상태에서 조사가 이루어졌다고 할 수 있다. 한편으로는 오랜 세월 동안 해결하지 못하고 피해를 당한 장점마을 사람들이 기지를 발휘하여 문제의 원인 증거들을 하나씩 모아둔 게 역학조사에서 결정적인 도움이 되었다.

　익산시가 실시한 예비조사 때도 공장진입을 하지 못해 공장 내 남아 있는 시료를 채취하지 못했다. 예비조사 전에 익산시와 주민들이 함께 채취한 공장 내 시료가 없었다면 정상적인 예비조사도, 유의미한 결과도 어려웠을 것이다.

　역학조사가 실시되지 않았는데도 전에 사용한 굴뚝 하나가 철거되었다. 공장 초기에는 벽돌공장에서 사용했던 굴뚝을 방지시설도 없이 그대로 사용했다고 한다. 함라산 넘어 골프장에서 악취가 난다고 민원이 발생하자 있던 굴뚝을 철거하고 기존 것보다 높이가 낮은 굴뚝을 새로 설치하였다고 한다. 굴뚝을 교체 설치한 이후에도 악취가 줄어들지 않고 더 심해지자 세정탑 등 방지시설을 추가로 설치했다고 한다. 공장이 폐쇄된 해 8월에 어떤 이유인지는 모르겠지만 사용하지 않고 남아 있었던 굴뚝이 철거되었다. 익산시가 제대로 된 역학조사를 위해서는 굴뚝 철거를 막아야 했는데 그렇지 않았다.

　"비 오는 날 무슨 일 있어서 시 담당 과장하고 공장에 올라갔는데 굴뚝 철거를 하고 있었다. 그래서 시 과장에게 굴뚝 철거한다고 이야기했다. 그때는 굴뚝 철거가 별거 아닌 줄 알았다. 마음은 찝찝해도 대응은 하지 못하고 있었다. 나중에 보니까 증거 인멸이니 하는 이야기가 나오길래 굴뚝 떼어간 철거업체를 바로 추적해서 주소지를 찾아가니까 업체가 없었다. 우리가 모르는 상황이 있지 않았나 생각을 했다. 굴뚝 안에 남아 있는 찌꺼기, 재 덩어리, 분진 등을 조사할 수도 있다고 해서 떼어갔지 않았나 생각이 든다."(최재철 주민대책위원장)

2016년 11월 금강농산은 폐기물처리업을 폐업 신고하면서 보관하고 있던 폐기물을 비료 등으로 전부 사용하였다고 신고하였다. 하지만 그 이후에도 여전히 많은 양이 공장에 쌓여있었다. 2017년 3월에 공장에 남아 있던 폐기물이 반출되었다. 주민들 이야기에 따르면 야간에 몰래 외부로 실어 냈다. 주민들의 암 발생 원인을 조사하기 위해서는 증거물이 그대로 보존되어야 하는데, 금강농산에서 몰래 치워버렸다. 폐기물 이동은 행정의 관리 사항인데 익산시는 알고 있었는지는 모르겠다.

역학조사가 절반 정도 진행 중인 2018년 여름, 강우로 인해 공장이 침수되었다. 금강농산은 도로에서 보면 함라산 자락 중턱에 있는 계곡 하나를 잘라 평탄화해서 만들었기 때문에 비가 많이 오면 산 쪽 물이 공장으로 몰려들기 쉬운 입지특성을 가졌다. 함라산에서 쏟아져 내려온 빗물과 가동 시 매연으로 부식되어 헐어버린 천장에서 떨어진 빗물로 인해 공장이 물로 가득 찼다. 공장 내부의 침수로 버너 등 기계설비는 물에 잠겼다. 공장 바닥에 남아 있던 오염물질과 폐기물이 섞인 시커먼 폐수는 공장 마당을 거쳐 소류지로 흘러내려 갔다. 역학조사 과정에서 환경부와 국립환경과학원이 대기오염물질 배출량 조사를 위해 공장 재가동을 검토한 적이 있었는데, 침수된 버너 등 공장 설비를 수리하고 교체하는데 1억 원이 넘게 들어 포기하였다.

주민들의 요구로 익산시에서 공장 지붕도 비닐로 덮고, 빗물차단용 포대를 쌓아 놓긴 했지만, 완전히 차단되지 않고 이후에도 비가 오면 공장은 흥건한 상태가 되었다.

금강농산을 낙찰받은 업체는 역학조사가 진행 중인 2018년 11월 가열 건조시설인 로터리 킬른, 연료탱크, 세정탑 등을 철거하였다. 주민들이 공장 설비 철거를 막고, 행정에서 철거 및 반출 금지 명령을 하였지만, 업체는 손해배상 소송을 하겠다는 내용증명으로 대응하였다. 업체의 법적 대응 태도로 인해 익산시는 철거와 반출을 허용했다. 역학조사 연구진, 민관협의회, 익산시, 국립환경과학원, 주민들은 업체의 시설물 철거를 두 눈 뜨고 지켜볼 수밖에 없었다. 제대로 된 역학조사를 위해서 익산시가 차라리 경매를 통해 공장낙찰을 받아 보존하라고 지속적으로 요구했지만 응하지 않았다. 익산시는 역학조사가 다 지난 다음에야 공장을 인수하였다. 소송을 감수하더라도 막아야 했는데 그렇게 하지 않은 것은 아쉬움으로 남는다.

주민들이 오랜 과정 피해를 보면서 정황상 오염원을 알고 있었다고 하지만 원인을 어떻게 관리하고 보존해야 하는지는 행정이 더 잘 알고 있다고 본다. 하지만, 행정은 사업장의 비밀이라고 해서 정보도 제대로 제공하지 않았다. 행정이 주민과 공장 사이에서 발생하는 갈등도 조정해야 하고, 공장 조사하는 데 있어서 편의도 제공해야 하는데 전혀 그렇게 하지 않았다. 이런 과정이 계속되면서 주민들의 행정에 대한 신뢰는 바닥 이하로 떨어졌다.

제 11 장

끝나지 않은 장점마을의 환경재앙

그들이 떠난 자리에 코스모스가 피었다. (사진촬영 정윤선 작가)

원광대병원 검진 결과, 5명 암 추가 확진

　2019년 6월 13일 익산시청에서 윤권하 원광대병원장, 최재철 주민대책위원장, 정헌율 익산시장이 의료서비스 제공을 위한 업무협약을 체결하였다. 협약에 따라 원광대병원은 장점마을 67명, 장고재마을 59명, 왕인마을 35명 등 총 161명의 주민에 대해 건강검진을 한다. 장점마을 주민에 대해서는 9대 암 건강검진을 연 1회 해서 격년으로 3회를 실시하고, 암과 피부질환에 대한 치료를 5년 동안 하기로 하였다. 장고재와 왕인마을은 9대 암 건강검진을 1회 하기로 하였다.

　협약을 체결하기 몇 달 전에 윤권하 병원장이 민관협의회 회의장을 방문하였다. 윤 원장은 방문 자리에서 "원광대병원이 지역의 보건 의료에 대해서 책임 있는 일을 하겠다. 익산시와 협력하여 장점마을 주민들에 대한 보건 및 의료지원을 하겠다. 장점마을 및 인근 마을 주민들에 대해 건강검진을 하고 각종 질환에 대해 진료해드리겠다. 무료검진 및 진료를 하기 위해서는 익산시의회에서 관련 조례를 개정해야 의료법 제한을 피할 수 있다. 주민들에게 장점 카드를 만들어 치료, 수술 등 혜택을 원하는 데까지 해드리겠다는 생각을 하고 있다."라고 말했다.

　윤 원장의 조례 개정 필요성 제안에 대해 익산시 보건사업과장은 "환경보건법에 관련 조항이 있다. 조례에 명시한 자치단체도 있다. 의료법에는 환자 무료 진료는 안 되게 되어있는데, 조례에 명시되어 있으면 시장의 사전승인으로 가능하다."라고 의견을 밝혔다.

　무료검진 및 진료 관련 규정은 익산시의회 유재동 의원이 조례를 대표 발의하여 확정되었다. 3월 5일 유 의원은 환경정책 기본조례 개정안을 발의하여 "시장은 환경 유해인자로 인한 시민의 건강 피해를 구호하기 위해 의료기관에서 본인 부담금 면제 또는 할인을 요청하는 경우 사전 승인할 수 있다."라는 내용을 추가한다. 개정 조례안은 3월 27일 익산시의회에서 승인되었다.

원광대병원 건강검진 결과 추가로 5명 주민이 암 확진을 받았다. 갑상선암 2명, 전립선암 1명, 신장암 1명, 위암 1명이다. 왈인, 장고재 마을에서는 추가로 확진된 주민은 없었다.

2019년에 있었던 주민들의 건강검진 비용과 치료비는 원광대병원에서 부담하였다. 2020년부터는 전라북도와 익산시가 예산을 세워 지원하고 있다. 12명의 주민이 치료비를 지원받았다. 역학조사 결과 발표 전이라 행정이 지원하기 어려운 조건이었는데, 일정 기간 원광대병원에서 중요한 역할을 해주었다.

원광대병원은 무료 건강검진 및 치료뿐만 아니라 자선행사를 열어 장점마을에 기부금도 전달하고 의료봉사도 하였다. 지역 의료기관으로서 이러한 노력은 가뜩이나 암 환자가 하나씩 늘어나고 있는 상황에서 주민들에게 큰 힘이 되었다.

윤권하 원광대병원장이 장점마을 주민에 대한 의료지원 계획을 말하고 있다.

장점마을 환경재앙 재발 방지대책 국회 토론회

2019년 12월 19일 이정미 국회의원실 주관으로 국회의원회관 제1 소회의실에서 토론회를 하였다. 집단 암이 발병한 장점마을이 주는 교훈을 살펴보고 재발 방지대책을 마련하기 위해 열렸다.

토론회는 권태홍 정의당 사무총장의 사회로 진행되었다. 이정미 국회의원과 최재철 주민대책위원장이 인사말을 하였다. 김세훈 박사가 '역학조사의 문제점과 개선 방향', 오경재 교수가 '환경오염 역학적 인과관계 해석의 문제점과 개선 방향', 필자가 '지자체의 환경오염 관리의 문제점과 개선 방향', 홍정훈 변호사가 '장점마을 재발 방지를 위한 법제도 개선 대책', 환경부 피해구제과장이 '피해구제 현실화를 위한 대안 검토', 전라북도 환경보전과장과 익산시 녹색환경과장이 '환경오염 예방적 관리를 위한 지자체와 정부의 시스템 개선 방향'이라는 주제로 발표를 하였다.

토론회에는 장점마을 주민들이 새벽차로 올라와 함께하였다. 예상하지 못했는데, 부여와 천안에서 환경피해 문제로 활동하고 있는 분들도 오셔서 장점마을 역학조사 과정을 경청하였다.

토론회에 앞서 인사말을 한 최 위원장은 "추운 엄동설한에 KT&G 앞에 가서 주민들이 시위했는데 누구 한 명 나와 보지도 않고 그냥 무시했다."라며 "뒤늦게라도 인과관계가 밝혀진 만큼 가해 기업의 처벌이 반드시 이뤄져야 한다."라고 주장하였다.

이 의원은 "익산 장점마을 인과관계 규명은 장점마을대책위와 민관협의회, 지역 주민이 애써 오신 노력의 결과"라며 "다시는 제2의 장점마을 사태가 발생해서는 안 된다. 정부는 장점마을 선례처럼 주변 오염시설로 인해 '비특이성' 질환 등을 겪고 있는 피해 주민의 구제방안이 적극적으로 이뤄져야 한다."라고 견해를 밝혔다.

첫 번째 발제자로 나선 김 박사는 "역학조사에 기간에 오염 배출지인 사업장에 대해 중앙정부, 지자체 공동 관리로 전환하고 추가조사에 필요한 예비 예산 확보 등 실효성 있는 역학조사 체계를 마련해야 한다. 공장 폐쇄 시 현장 유지 관련 법 마련이 필요하다. 국립환경과학원과 지역 민관대책협의회의 공동조사 체계 구축 등 연구에 있어 지역의 지원 체계가 마련되어야 한다. 조사 권한이 강화된 전문 역학조사 기관이 있어야 한다."라고 의견을 제기하였다.

오 교수는 "환경부의 최종결론 발표까지 인과관계 결과가 계속 바뀐 문제점과 환경부 내 역학조사 전담기구 설치 등 국가 주도의 역학조사 수행체계가 필요하다. 역학 전문가 양성, 전문가 참여 위원회 구성이 필요하다. 특히 역학조사 전담기구는 운영, 예산, 조사, 결과 활용 등 역학조사 수행 모든 과정에 걸쳐 독립적이고 안정적이며 권위를 가지는 조직으로 자리매김할 수 있어야 한다."라고 제안하였다.

필자는 "대기오염도 측정 부재, 폐수 관리 감독 소홀, 비료관리법에 따른 연초박 불법 사용 확인 부재 등 지자체 관리 감독 부재가 심각하다. 지자체 통합 지도점검 체계를 구축해야 한다. 환경오염이 발생 시 대응할 수 있는 매뉴얼과 사업장 확인 점검 업무지침 마련 등이 있어야 한다."라고 주장하였다.

홍 변호사는 "실제 폐기물관리법에 따라 사전분석 항목을 고시하게 되어있지만 각 법에 따라 규정하고 있어 이에 대한 고시가 존재하지 않는 상황이다. 현행 대기환경보전법에 다환방향족탄화수소(PAHs), 담배특이니트로사민(TSNAs) 등이 포함되어야 한다. 악취방지법에 따라 조사할 때 대기오염 조사도 함께해야 한다. 폐기물 재활용 기준을 강화하고 환경영향평가 사업장에 대한 확대가 필요하다."라고 주장하였다.

전라북도 환경보건과장은 "폐기물관리법, 비료관리법 등 제도개선을 건의하며 익산 장점마을과 같은 마을을 전수조사하기 위해 시군과 함께 계획을 준비 중이다."라고 하였다.

익산시 녹색환경과장은 "익산시는 통합적인 지도점검 체계 구축을 위한 전담조직 신설, 환경특별사법경찰관을 임명해서 체계적으로 지도·단속할 계획이다. 주민 치료와 마을 환경개선 및 공장 내 폐기물 제거,

부지 활용방안 연구 등을 위해 2020년에 예산을 확보하였다. 장점마을 주민지원 및 마을 복원사업을 위해 최선을 다하겠다."라고 밝혔다.

마지막으로 환경부 피해구제과장은 "역학조사를 전담할 환경보장위원회 설립 및 피해구제 갈등 해소 복합기관을 설립 검토 중이다. 계획관리지역에 대한 등급제를 시행하여 환경오염 관리계획을 수립하고 있으며, 환경보건법 및 피해구제법을 개정하여 지방자치단체 관리 소홀에 대한 배상 책임을 규정할 계획이다. 사전 예방 방안과 체계적인 관리를 위해 노력할 계획이다."라고 밝혔다.

국회 토론회 사진 : 국회의원회관에서 집단 암 발병 장점마을의 교훈과 재발방지대책 토론회를 하고 있다. 마을 주민들도 많이 오셔서 함께하고 있다.

장점마을 환경재앙이 남긴 성과

비료공장이 폐쇄된 이후 "숨을 제대로 쉴 수 있어서 좋다."라는 주민 말이 떠오른다. 장점마을 주민들 소원은 숨 쉬며 사는 것이었다. 수년 동안 악취와 매연에 시달렸으니 그 고통은 오직 했겠는가?

역학조사를 진행하는 과정에서 민관협의회 위원들은 걱정이 많았다. 환경부가 주민들 청원을 수용하여 역학조사를 시행한 것은 다행이지만 결과가 어떻게 나올까 걱정이 컸다. 역학조사 주민설명회 때 걱정이 현실로 되었지만, 시민단체, 정치권, 한국역학회가 함께 해주어서 환경부 결론이 바뀌게 되었다. 천만다행이라 생각한다.

장점마을에 대한 역학조사 결과 국내에서 처음으로 정부가 비특이성 질환에 대해 인과관계를 인정하는 성과를 얻었다. 그동안 국내에서도 여러 건의 환경오염 피해 상황이 발생했었다. 하지만 정부가 인과관계를 인정한 것은 석탄 채굴 과정에서 발생한 진폐증과 아직도 해결되지 않고 있는 가습기 살균제 피해사건으로 알고 있다. 진폐증과 가습기 살균제 피해는 전부 폐 질환이다. 하지만 장점마을 건강 피해사건은 암이다. 폐암, 피부암, 위암, 갑상선암, 담낭암 등 암종도 다양하다. 한 가지로 해석할 수 없는 복잡한 경향을 띠고 있어서 장점마을 건강 피해사건은 특정해서 설명할 수 없다, 주민들에게 암을 일으킨 원인은 밝혀졌지만 피해는 다양하게 나타났다. 다양하게 나타난 건강 피해에 대해 인과관계를 인정한 것은 국내 최초라고 할 수 있다. 장점마을 사태 해결 과정은 대한민국 환경 보건 역사에 길이 남을 것이다. 지역이 문제를 보듬고 아픔을 껴안아 결국 포기하지 않고 끝까지 함께 찾아낸 사례라고 말이다.

현재도 장점마을과 같은 비슷한 사건들이 여기저기서 발생하고 있다. 환경보다 산업을 중시하는 사회 현실에서 장점마을 사태는 많은 교훈과 과제를 남겼다. 환경부도 역학조사 관련 전담부서를 설치하기로 하였다. 지방자치단체도 마을 주변에 있는 비료공장에 대해 전수조사하였다. 농진청은 「비료공정규격 설정 및 지정」고시를 개정하여 부산물비료 원료에서 연초박을 삭제하였다. 이제 퇴비 원료로 연초박을 더는 사용할 수 없게 되었다.

장점마을 주민은 승리자

민관협의회 위원으로 활동하면서 장점마을 주민들과 늘 함께했다. 역학조사를 할 때도 그랬다. 기자회견이나 집회를 할 때도 함께했다. 시료 채취 과정에도 주민들과 함께했다. 기자회견문이나 보도자료 작성, 회의록 작성, 사진 및 자료 관리 등은 제 몫이었다. 농담으로 장점마을 플랫폼이라고 했다. 이 역할이 어디에서 시작해서 어떻게 주어졌는지 모른다. 그저 참여하다 보니 가장 잘하는 일을 한 것뿐이다.

KT&G 서울 사옥에서 집회하기 위해 마을에서 전세버스를 타고 갈 때도 같이 갔다. 서울 집회 준비를 위해 시나리오도 짜고, 성명서도 쓰고, 피켓 준비도 했다. 집회 사회도 봤다.

집회하러 갈 때 항상 느꼈던 것이지만 주민들은 나이가 많고, 몸이 불편한데도 항상 활기찼다. 갈 때나 돌아올 때나 힘들어하는 기색을 찾아볼 수 없었다. 아침 일찍부터 출발한 주민들은 집회를 끝내고 내려오는 길에 고속도로 휴게소 야외 한쪽에 자리를 깔고 점심을 먹었다. 점심은 주민들이 미리 준비해 가져간 것이다. 식사라고 해봤자 떡 방앗간에서 쪄온 찰밥, 김, 김치, 된장국 등 몇 가지이지만 주민들은 즐거워했다. 식사를 준비할 때나 치울 때 보면 체계적이고 일사불란해서 '대단하시다.'라고 생각한 적 많다.

맺힌 한이 오랫동안 가슴 깊이 남아 있어서 그런지는 모르겠지만 차가운 바닥에 앉아 구호를 외칠 때도 힘이 있었다. 고인이 된 분들의 영정을 집 밖으로 들고나오는 것이 쉬운 일이 아닐 텐데, 집회에 가지고 가자고 하니까 모두가 동의하였다.

집회를 끝내고 내려오는 길이면 버스 안에서 돌아가면서 소감을 한마디씩 이야기하는 시간을 가졌다. 순서가 되어 버스 안에 앉아 계신 주민들에게 했던 이야기가 생각난다. "장점마을 주민들은 승리자입니다. 환경오염과 당당히 싸워 이겼습니다. 정부와도 싸워 이겼습니다. 당당하게 자긍심을 가져도 됩니다. 장점마을은 집단 암에 걸린 피해자 마을이 아닙니다. 승리자 마을입니다. 승리한 마을로 역사에 기록될 것입니다. 지금은 많은 사람이 장점마을을 걱정과 두려움으로 바라보고 있지만 앞으로 찾아오는 마을이 될 것입니다."라고 말했다.

농촌 지역 환경문제 기폭제가 된 장점마을 사례

장점마을 집단 암 발병 사태로 인해 환경문제에 대해 지역사회뿐만 아니라 전국적으로 관심이 높아졌다. 역학조사를 해도 인과관계를 인정받기 어렵다는 생각이 팽팽하였는데, 장점마을 사례로 그동안 잠재되어 있던 사건들이 외부로 드러나고 있다. 장점마을 인과관계 인정이 전국적으로 영향을 미쳐 전북, 충북, 충남 등 여러 곳에서 환경부에 청원이 제출되었다고 한다.

왜 농촌 마을에서 환경재앙이 발생할까?

농촌 마을에 가보면 작은 공장들이 많이 들어서 있다. 폐기물을 재활용하여 퇴비를 생산하거나 폐플라스틱을 재활용하는 공장들이 많다. 영세하다 보니까 공해방지시설도 제대로 갖추지 않고 공장을 가동한다.

농촌 마을 주변은 「국토의 계획 및 이용에 관한 법률」상 계획관리지역이 많다. 계획관리지역은 일정 면적 이하 공장 설립 등 건축행위가 가능하다. 특정 대기 유해물질(35종 - 중금속, 발암물질 등)도 일정 기준 이하로 배출하면 공장 설립이 가능하다. 대기오염방지시설 설치할 때도 대기오염물질 몇 가지(먼지, 황산화물, 질소산화물 등)와 관련하여 배출량을 신고하면 된다. 원래 계획관리지역에서는 특정 대기 유해물질이 조금이라도 배출되면 공장 건축을 할 수 없었다. 하지만 2016년 이후 대기환경보전법이 개정되면서 기준 이하로 배출하면 허용하는 것으로 바뀌었다.

농촌 지역에서 악취문제 등, 환경문제가 발생한 사업장을 조사해보면 특정대기유해물질이 검출된 경우가 많다. 익산시가 장점마을 사건 이후 농촌 지역에 있는 부산물 비료공장에 대해 대기오염도를 조사한 결과 몇 개 업체에서 특정대기오염물질이 법적 허용기준보다 초과 검출된 적이 있다. 초과 검출된 업체는 대기배출시설 폐쇄 명령을 받았지만, 법이 매우 허술함을 알 수 있다. 농촌 마을 주변 계획관리지역에 대한 공장 설립 허가 기준을 강화하지 않으면 같은 상황이 반복될 것이라고 본다.

장점마을 사태의 원인이 밝혀지면서 환경부는 환경보전법 시행규칙을 개정하였다. 장점마을 역학조사 과정에서 검출되었던 PAHs를 2020년 1월 1일부터 특정대기유해물질에 포함하였다. 아쉽지만 PAHs 중에도 유해성이 강한 1급 발암물질인 벤조피렌(benzo(a)pyrene)만 포함되었을 뿐 금강농산과 같이 불완전연소에서 발생 가능한 벤조안트라센(benzoanthracene, 발암 2A종) 등에 대한 물질은 포함되지 않았다. 역학조사가 끝나고 재활용공정에서 연초박을 사용 금지했지만, 담배를 제조한다면 TSNAs도 특정대기유해물질에 포함해야 할 것이다. 환경피해가 발생한 후에 잘 대응하는 것만큼 피해자 입장에서 중요한 것은 현실여건에 맞게 법 규제를 강화하는 것이라고 본다.

장점마을 주민들은 공장 가동 때부터 수차례 악취 민원을 제기하였다. 그러자 익산시는 악취방지법에 따른 악취배출량 조사만 하고 개선명령 등 경미한 처분만 하였다. 장점마을 사건이 언론에 대대적으로 보도되자 익산시와 전북보건환경연구원은 대기오염도 조사하였다. 대기오염도 조사 결과 특정대기유해물질인 니켈이 법적 허용기준보다 4.7배 넘게 검출되었다. 익산시는 이를 근거로 금강농산 대기배출시설을 폐쇄 명령 처분을 하였다.

감사원은 감사보고서에서 "익산시는 악취 민원이 자주 발생한 금강농산의 악취 발생 원인을 조사하지 않은 채 개선 권고만 하는 등 신고대상시설 지정과 함께 통합점검규정에 따라 중점관리등급으로 분류하여 주기적인 지도점검을 하지 않았다. 2017년 4월 업체에 폐쇄 명령을 한 후 같은 해 8월에야 악취배출시설 신고대상시설로 지정하였다."라고 하였다.

금강농산과 같이 발암물질과 중금속을 배출하는 사업장은 악취 검사만 해서는 문제의 원인을 찾을 수 없다. 악취 검사로 발암물질이나 중금속을 검출할 수 없다. 앞으로 대기환경보전법을 개정하여 금강농산과 같이 대기배출시설 신고사업장이라도 1년에 일정 횟수 이상 대기오염도 검사를 의무화해야 한다.

또 정부에서 인과관계를 인정받기까지 많은 시간이 걸렸다. 그 과정에 많은 사람의 노력이 있었다. 민관협의회 위원들을 포함하여 시민단체, 언론기관 등 다양한 분야에서 노력했다. 특히, 각 분야 전문가로 구성된 민관협의회 활동은 역사에 길이 남을 거로 생각한다.

장점마을 문제 해결의 힘은 지역사회 경험과 인적 인프라다. 익산은 악취 때문에 환경전문가와 시민단체 활동가가 함께 해결해 온 경험과 기반이 있었다. 낭산 폐석산 폐기물 불법 매립사건 해결 과정을 보며 민관협의회 구성을 생각할 수 있었다.

익산은 현재 20개가 넘는 시민단체가 연대하여 환경공대위를 구성하여 환경문제를 해결하고 있다. 전국에서도 찾아보기 힘든 사례다. 이처럼 지역의 환경문제를 해결해온 경험과 인적 인프라가 장점마을 사태를 해결할 수 있었던 힘이었다고 본다.

이제 행정도 인식의 전환이 필요하다. 기존 방식으로는 환경문제를 해결할 수 없음을 깨달아야 한다. 선제적으로 대응한다는 자세를 가지고 업무를 해야 한다. 수시로 전수 조사하여 상황을 파악할 필요가 있다. 환경문제가 발생했을 때 법에서 정한 테두리에서의 행정행위가 아니라 종합적으로 원인을 파악하고자 하는 업무 시스템이 필요하다. 이말은 그 유명한 환경의 원칙인 '사전예방의 원칙'과 다름 아님을 알 수 있다.

"제가 보기에 어쩌면 종합작품이다. 한 사람의 역할이라기보다는 많은 사람이 분야에서 그 역할을 해주었으니까 지금의 이런 성과도 낼 수 있었다. 그래서 저는 지역에서 환경문제를 해결하기 위해서는 팀워크가 제일 중요하다고 생각한다. 어떤 문제가 발생했을 때 딱 붙어서 할 수 있는 팀은 지역사회에서 큰 자산이다. 시민단체, 환경단체 등 지역사회가 어느 정도 인프라를 가지고 있었기 때문에 가능했다고 본다.

환경 보건정책이라고 해서 궁극적으로 사람한테 건강 문제가 있으면 문제 인식이 되도록 하는 관점의 변화가 필요하다. 그런데 행정은 법에서 제시되고 있는 정량적인 수치만을 가지고 본인들이 의사 결정을 하려고 하는 부분에 합리화하는 것 같다.

제가 보기에는 그것보다는 사전예방원칙을 가지고 건강에 문제가 있다고 하면 일단은 문제가 있다고 하는 걸 가설로 만들어서 적극적으로 예방을 해야 한다. 수질이나 대기 등 매체 중심으로는 환경문제 해결을 하기 어려우니까 환경 보건 쪽에선 이에 대한 유해성 평가라든지 역학이라든지 이런 개념들도 충분히 접해서 적극적으로 사안을 들여다보는 것이 중요하다.

배출허용기준에 문제가 없으니까 문제가 없다고 결론을 내리는 것은 적절하지 않다. 그래서 환경 보건원칙이라는 것이 지금 몇 가지로 제시되는데 환경보건법에 나와 있다. 원칙 중에 제일 먼저 나오는 게 사전예방원칙이라고 하는 것이고, 민감 계층이나 취약계층을 우선하는 원칙도 있고, 정보를 공개해야 하는 원칙도 있고, 이렇게 몇 가지 것들이 법도 만들어져 있는 건데 제가 보기에는 현장에서 따라가는데 더 늦는 것 같다.

법이 만들어져 있었지만, 사실은 법대로 충분히 이해하고 대응하기에는 행정에서 떨어지지 않나 이런 생각이 많이 든다. 대기측정망도 대기, 미세먼지가 이슈화되다 보니까 늘어났는데, 측정하는 것도 중요하지만 더 중요한 것은 그런 데이터들을 잘 들여다보고, 해석하고, 어떻게 하면 정책에 반영할 것인가가 더 중요하다고 생각한다."(강공언 교수)

장점마을은 진행형

　장점마을 사태는 계속 진행형이다. 지금도 암 환자가 발생하고 있다. 역학조사 때 22명이었던 암 환자가 이후에 33명으로 늘었다. 주민들이 주장하는 숫자는 더 많다.

　장점마을 집단 암 발병 사태가 전국적으로 알려지면서 사태 해결에 많은 도움이 되었지만, 한편으로는 암이 발생한 마을이라는 인식도 깊게 심어 주었다.

　사람들 머릿속에서 쉽게 지워지기는 어려울 것 같다. 마을이 청정했던 과거의 모습을 되찾기를 바라고 있지만, 외국의 사례를 봤을 때 영구히 안 좋은 대명사로 남을 수 있다는 걱정도 있다.

　비료공장이 문을 닫고, 환경부가 인과관계를 인정하였지만, 주민들은 여전히 불안 속에 살고 있다고 한다. '암 확진을 기다리며 사는 것 같다.'라고 말씀하는 주민도 있었다. 주변에서 암 환자가 계속 발생하고 있으니 불안할 만도 하다.

　장점마을 주민들은 신체적 질병도 문제지만 정신적 질병도 심각한 상황이다. 역학조사에서 주민들 인지 능력이 다른 마을에 비해 많이 떨어진다는 결과가 나왔다.

　주민들은 비료공장을 없애 달라고 여러 차례 요구한 적이 있다. 산 아래 있는 파란 지붕만 보면 고통을 받았던 생각이 떠오른다는 것이다. 민관협의회 위원들이 비료공장은 앞으로 환경오염 피해 역사관과 환경 교육장으로 사용해야 한다고 설득하여 남겨 놓고는 있지만, 주민들에게 정신적 상처가 있는 시설임은 분명하다.

장점마을은 아직도 진행 중이다. 마을과 공장 주변은 절토와 객토를 통해 오염이 줄어들었으며, 다시는 비료공장 자리에 공장이 들어오지 않을 것이다. 집 내부의 먼지를 제거하였고, 지붕 기와와 슬레이트도 교체하였다. 그동안 악취와 암으로 고생하면서 관리 못 했던 옥상과 담들도 페인트칠하고, 먼지 낀 묵은 집기류도 폐기물로 많이 내놓았다. 비좁은 마을 도로도 포장하고, 가정 태양광도 모두 설치하였다.

이제 마을에 남은 큰일인 피해보상이 잘 마무리되었으면 하는 바람이다. 마을에 불행이 해소될 때 항상 보상문제로 주민 간 반목이 일어나는 게 다반사다. 어려운 길, 한국 사회에서 보기 드문 해결의 길을 걸었던 장점마을. 공동체가 다시 살아나 더 깨끗하고 즐거운 마을로 되돌아가길 기대할 뿐이다.

코로나가 가면 연초박 TSNAs가 발견된 마을회관 앞 정자나무 아래에서 주민과 더불어 막걸리 한잔 마실 수 있길 희망해본다.

표7. 장점마을 암 발생자 현황(2001~2020.12.)

구분	번호	암종별	검진년도
사망자 (15명)	1	폐암	역학조사에 포함
	2	폐암	
	3	폐암	
	4	폐암	
	5	위암	
	6	위암	
	7	간암	
	8	간의 쓸개관, 담관	
	9	췌장암	
	10	대장암, 담낭 및 기타 담도암	
	11	담낭 및 기타 담도암	
	12	피부암	
	13	피부암	
	14	피부암	
	15	위암/사망(20.10)	2020. 9.(개인)
투병자 (18명)	1	위암	역학조사에 포함
	2	위암	
	3	위암	
	4	위암(왈인)	
	5	대장암	
	6	대장암	
	7	유방암	
	8	피부암	
	9	갑상선암	2019. 암검진
	10	신장암	
	11	갑상선암	
	12	전립선암	
	13	위암	2020. 암검진
	14	유방암	2018. (개인)
	15	신장암(실거주자)	2020. 6.(개인)
	16	갑상선암	2020. 9.(개인)
	17	유방암(실거주자)	2016. 1.(개인)
	18	갑상선암	2020. 11.(개인)

출처 : 익산시 보건소 보건사업과

민관협의회 위원 인터뷰

Q. 민관협의회 참여가 사회적으로 어떤 의미가 있었다고 생각하는가?

강공언

"직접 피해자인 지역주민과 관리·감독을 하는 행정의 노력만으로는 원인진단 및 문제 해결이 어려우므로 피해지역 주민 이외에 지역사회단체와 전문가 그룹을 포함한 민관협의체 구성 및 참여가 절대적으로 필요하다. 민관협의회 구성은 사회적으로도 매우 바람직하고 의미 있는 접근 방안으로 볼 수 있다."

김세훈

"지역 문제를 지역에서 해결한다는 말은 정부나 지역에서 많은 전문가와 행정가가 쓰는 말이다. 결과적으로 그런 수준이 안된다는 암시가 있는 우리의 모습을 드러내지 않는가 싶다. 이러려면 지역 내 인적자원 확보가 어떤 것보다 우선인데, 전라북도만 보더라도 도청소재지인 전주를 중심으로 다수의 참여활동자와 전문가가 활동하고 있지만, 이외 시군은 그렇지 못한 게 현실이다. 다양한 논의도 어렵고, 계획을 세워 행정과 협업하기도 어렵다.

그런 면에서 익산의 민관협의회 구성인력은 익산 내 거주하는 사람들이 어떤 조직체로서 목적을 갖고 장점마을 사태에 참여한 게 아니라, 우연한 기회에 연결되어 동참의 릴레이로 위원구성원이 만들어진 셈이다. 뒤돌아보면, 익산지역 내 다 있던 전문성을 가진 분야별 자원이었다. 또한, 사심 없이 장점마을에 뛰어들었던 위원들은 흐트러짐 없이 맡은 분야에서 시간별로 찾아오는 역할을 잘 수행해 주었다. 당시 이런 이야기가 있었다. '~의 시간'이라는 표현을 써서 지금은 '누구 누구의 시간'이라고, 때가 되어 누가 중심에서 묵묵히 역할을 하면 남은 위원들은 옆에서 집중훼손을 막기 위해 분위기를 유지해줬던 게 참으로 보기 좋은 모습으로 남게 되었다."

오경재

"지역사회 사회문제 해결 및 합의에는 지역사회 전문가나 역량가의 역할이 매우 중요하며 이러한 인적자원의 발굴과 계발, 연계가 필수적임을 확인할 수 있었다. 개인적으로는 나고 자라고 살아가고 있는 내 지역에서의 지역사회 일원으로서 참여할 수 있었던 기회에 감사하다.

이러한 협의회의 사례를 발판으로 다른 형태의 지역사회 문제도 다룰 수 있는 협의회 조직 구성이 되었으면 좋겠고, 운영에 있어서는 안정적으로 지속 운영될 수 있다면 합리적인 사회문제 해결에 큰 진전을 이룰 수 있기를 희망해 본다."

권태홍

"현업 정치인으로서 참여했었고, 고비 고비마다 정치의 역할이 중요함을 확인할 수 있었던 점이 의미 있었다고 생각한다. 예를 들면 역학조사의 마지막 결론을 내리는 순간에 책임을 회피하려던 정부에 대해서 국회를 통한 압박으로 정부 태도 변화의 계기를 제공했다고 생각하고 정치인으로서 그런 역할을 할 수 있었음이 개인적인 보람으로 느끼는 부분이다."

김승철

"우리나라는 사회문제를 투쟁과 데모로만 해결하려고 한다. 그런데 이번 민관협의회 활동을 통해서 투쟁과 데모가 아닌 토론과 회의를 통해서 문제를 해결할 수 있음이 증명되었다고 생각한다. 이런 의미에서 보면 민주적인 방법으로 토론과 회의를 통해서 충분히 문제들을 해결할 수 있다는 것을 입증했다. 물론 민관협의회의 지질, 대기, 수질, 의료에 전문적인 교수님들 역량이 절대적이었지만 이런 전문적인 분들이 동참한다면 마을 주민들의 가교역할을 하는 주민대표와 행정담당관들이 함께 문제를 풀어나갈 수 있는 좋은 사례를 만들었다고 본다."

홍정훈

"이번 장점마을민관협의회의 경우 지역의 환경, 건강, 행정, 법률 전문가 등이 민간위원으로 참여하면서 민간주도의 문제 해결을 이끌어낸 좋은 사례다. 다른 민관협의회 사례 등을 보면, 지자체 공무원들의 전문성이나 정보력에 비하여 민간 측이 전문성 등이 부족해 행정을 견제하고 더 나은 방향의 협력을 하지 못한 채 유명무실하게 운영되는 경우가 많다. 그런데 이번 장점마을민관협의회의 경우 민간측 위원들의 전문성이 탁월하여 너 나은 방향으로 문제를 해결하는데 큰 힘이 될 수 있었다. 저의 경우에도 민관협의회에 참여하여 민관협의회 논의 내용들이 법적으로 뒷받침 될 수 있도록 도움을 줄 수 있어 이 사건의 원인을 밝히는데 일부분 일조를 할 수 있었다. 이는 익산 지역을 넘어 우리나라의 민관협의회 주도의 문제해결 방향을 제시하고, 실제 환경오염으로부터 고통 받던 장점마을 주민들이 그 오염으로부터 보호될 수 있었다는 점에 있어서 가치가 있다고 생각한다."

Q. 민관협의회 활동에 대해 평가를 한다면?

강공언
"비료공장으로 인한 지역주민들의 건강문제에 대한 원인을 진단하고 조사하는 과정에서 문제제기를 하고 적절하고 합리적인 대안 제시를 통해 비특이성 질환인 암의 역학적 관련성 확인에 이르기까지의 환경 보건학적 성과 도출에 기여하였다. 후속적으로도 피해지역 주민들에 대해 지원방안을 도출하는 등 다양하고 긍정적인 역할을 했다."

김세훈
"더할 나위 없는 아름다운 만남이었고, 갈등이 최고조 상태의 민감한 상황에서 최대의 집중을 발휘했던 위원들과의 협업이었으니 행복한 시간을 보낸 한때였다고 본다."

오경재
"시작은 창대하였으나 끝은 미약하였다. 좀 더 끝 마무리까지 의미있는 성과를 거두었으면 하는 아쉬움은 남습니다. 그래도 지역사회의 다양한 사회문제는 지역사회에서 해결해야 한다는 당위성을 확인한 것과 우리 지역에서도 할 수 있다는 자신감을 획득한 것에 큰 가치를 두고 싶다."

권태홍

"지역의 좋은 전문가들이 함께 주민을 위해 뭉칠 때 큰 힘이 되고 큰 역할을 할 수 있음을 보여 준 좋은 사례가 되었다. 민관협의회가 얼마든지 유명무실해지거나 면피 수단으로 전락하기도 쉽지만, 좋은 전문가들이 주민들과 함께한다면 거대 공무원조직의 무책임한 관행과 문화를 넘어설 수 있음을 장점마을 민관협의회의 사례가 잘 보여준다."

김승철

"평가는 원래 우리가 하는 것보다 외부에서 바라보는 시선이 더 정확하다고 본다. 굳이 평가한다면 좋은 전문가들의 협력과 소통을 통해서 포기하지 않고 끝까지 대립이 아닌 대화로 문제들을 풀어나간 것이다. 그래서 좋은 결과물을 도출해 냈다. 최선을 다한 최고의 성과를 거두었다고 본다."

홍정훈

"지역을 사랑하고, 헌신적인 전문가 집단과 사회시민조직 등이 결합하여 성과를 이루어낸 사례로 평가한다. 향후 이러한 민관협의회 구성 등에 있어서 좋은 모델로 기능할 것으로 사료된다. 헌신적인 민간위원님들에게 경의와 존경을 표한다."

Q. 앞으로 환경문제가 발생했을 때 어떤 방향으로 해결되었으면 하는지?

강공언

"지역주민들의 피해 상황을 신속하게 모니터링하고 객관적이고 신뢰성 높은 자료 확보가 전제되어야 한다. 동시에 환경문제 이해당사자 이외에 각종 전문가 그룹을 포함한 협의체 구성을 통해 원인 규명과 문제 해결에 이르기까지 절차적 과정을 적절하게 적용하여 논의하는 것이 바람직하다."

김세훈

"지역이 지역을 살리는 게 우선이고 가까운 문제는 지역에서 만들어졌으니, 지역 내 해결을 위한 장점마을 민관위원회와 같은 협의 기구가 만들어져야 한다고 본다.

협의 기구 내에는 서로 다른 생각과 이익을 가진 관련자들이 참여해서 자칫 논의조차 못 하고 논란만 만들 수 있지만, 지금은 시대가 바뀌어 서로를 인정하면서 끊임없는 논의과정을 밟아가면 갈등을 풀고 줄이면서 문제 해결이 가능할 거라고 본다.

그리고 지역 내 숨은 다양한 분야별 전문가들, 능력자들을 찾아 협업하는 일, 협업하는 체계가 절실히 필요할 때다. 지역이 해결 못 한다고 해서 상위법을 만들고 정부 역할을 요청하는 것은 결국 돈으로 문제를 완화시키는 것 이상도 이하도 아니라고 본다."

오경재

"환경재난에 대한 총체적 관리 시스템 구축 필요하다. 이를 위해서는 중앙 및 지역에서의 환경위험 요인에 대한 상시 감시나 조기 신고체계 확립, 역학조사 수행 전문기관 설치, 환경 역학 전문가 양성. 환경성 질환 역학조사 표준 지침 마련, 사후관리 측면에서 사람 중심의 건강회복과 장해 최소화 및 환경복원에 대한 포괄적이고 종합적이며 지속적인 시스템 구축이 필요하다. 또한, 효율적인 시스템 운영을 위해서는 중앙 및 지방의 연계 및 협력이 전제되어야만 한다."

권태홍

"환경문제가 발생하면 지자체나 정부는 책임 주체로서 방어적인 자세를 취하기가 십상이다. 장점마을의 사례처럼 문제가 발생한 경우, 지자체가 가능한 수준에서 마을 주민들과 함께 먼저 예비조사를 하고 문제의 가능성을 확인한다면 환경부가 나서서 환경부 설치 역학조사 전문기관이 직접 조사하는 과정을 거쳐야 할 것이다. 다만 이 과정에서 지자체나 정부의 입김으로부터 자유로운 전문가들과 지역 시민사회단체 관계자들이 참여하는 상설협의회가 설치되어 이런 과정에 대한 설계와 진행, 평가를 진행하는 구조를 형성하면 신뢰도와 객관성이 높아질 것으로 보인다."

김승철

"이런 환경문제는 어느 한 사람이, 주민들이 해결하기 힘들다. 전문적인 지식이 없어서 그리고 행정과 대화의 창이 열리지 못해서도 문제 해결이 어렵다. 이번 장점마을처럼 전문적인 지식과 내공을 겸비한 전문가들과 행정담당자, 주민대표가 함께 민관협의회를 만들어서 해결을 위해 노력을 한다면 최고의 방법이 만들어지고 해결될 수 있다고 본다."

홍정훈

"민관의 거버넌스에 대한 논의는 매우 오랫동안 있어왔고, 그 선상에서 민관협의회 등이 역할을 할 수 있을 것이다. 민관협의회 등을 통해 행정을 견제하고 협력할 수 있는 토대가 이루어진다면 지역의 주인인 주민들에 의한 자치행정이 구현될 것이고 민주주의가 더 공고해질 것이며 어려운 환경문제 등을 풀어가는데 있어 도움이 될 것이다. 그렇게 하기 위해서는 민관협의회는 민간과 행정이 서로 협력해야하면서도 긴장관계에 있어야 하므로 민간 위원들의 구성 등에 독립성이 확보되어야 하고, 그 구성이나 지원에 필요한 법적 제도적 장치들도 마련되어야 한다. 지방자치법 등의 개정을 통해 민관협의회의 구성 및 지원 등에 관한 기본적 법적 근거를 마련하고 각 지자체는 민관협의회 구성을 위한 기본조례 등을 갖추어 제도적인 뒷받침이 된다면 더 효율적인 위원회 활동이 가능할 것이라 생각한다.

앞으로 환경문제가 발생하면 위와 같은 법적 근거가 있는 민관협의회를 구성하여 민간협의회 주도의 환경문제 해결 방식을 택한다면 이는 좋은 모델이 될 것이다."

참고자료 : 부록

장점마을 주요 사건 연표

날짜	내 용
2001. 10. 19.	(유)금강농산 폐기물처리업(종합재활용업) 신고 및 공장 가동
2001. 10.	함라면 민원대책위원회 조직(위원장 이승복)
2002. 3.	함라면 민원대책위원회 금강농산 진입로 농기계로 막고 항의 농성
2010. 9. 20.	공장 아래 소류지 물고기 집단 폐사 사건 발생
2016. 9. 22.	장점마을 주민, 익산시 공무원 금강농산 합동 점검
2016. 11. 18.	금강농산 폐기물처리업(종합재활용업) 폐업 신고
2016. 12. 22.	금강농산 퇴비 생산업 폐업 신고
2017. 2. 20.	전라북도의회 환경복지위원회 금강농산과 장점마을 방문
2017. 2. 21.	언론사, 함라 장점마을 집단 암 발병 사태 보도
2017. 2. 20,22,24, 28. 3. 1.	익산시, 전북보건환경연구원 수질, 토양, 대기 환경조사 실시
2017. 3. 8.	익산시장 장점마을 방문 주민간담회
2017. 3. 11.	장점마을 주민대책위 발대식(위원장 최재철)
2017. 3. 14~31.	장점마을 주민 암 건강검진 시행
2017. 3. 21.	금강농산 폐기물 민관합동 점검
2017. 3. 23.	익산시, 금강농산 폐기물관리법 위반 관련 수사 의뢰
2017. 3. 30.	익산시, 금강농산 조업 정지 처분
2017. 4. 4.	장점마을 주민대책위원회 기자회견
2017. 4. 14.	장점마을 주민대책위원회 국회에 청원서 제출
2017. 4. 17.	장점마을 주민대책위원회 환경부에 건강영향조사 청원서 제출
2017. 4. 24.	익산시, 금강농산 대기배출시설 폐쇄 명령(비료생산 중단)
2017. 4. 28.	익산시, 장점마을 암 발병 규명을 위한 민관협의회 구성
2017. 5. 17.	장점마을 환경비상대책 민관협의회 1차 회의
2017. 7. 19.	환경부, 장점마을 건강영향조사 청원 수용 결정
2017. 8. 21.	익산시, 금강농산 및 주변 환경오염실태 예비조사 용역 계약
2017. 8. 25.	환경부, 장점마을 주민건강영향조사 민관합동조사협의회 구성
2017. 9. 29.	환경부 안병옥 차관 장점마을 및 금강농산 방문
2017. 10. 23.	국립환경과학원, 전북 익산시 함라면(장점마을) 환경오염 및 주민건강 실태조사 연구 용역 입찰공고
2017. 11. 25.	금강농산 및 주변 환경오염실태 예비조사 용역 결과 발표

날짜	내용
2017. 11. 8.	금강농산 파산 결정
2017. 12. 14.	역학조사 용역기관 (협)환경안전건강연구소 「전북 익산시 함라면(장점마을) 환경오염 및 주민건강 실태조사」착수 보고회
2017. 12. 29.	환경부 주관, 민간연구소 주최, 「전북 익산시 함라면(장점마을) 환경오염 및 주민건강 실태조사」주민설명회
2018. 7. 18.	용역기관, 「전북 익산시 함라면(장점마을) 환경오염 및 주민건강 실태조사」 중간보고회
2018. 7. 19.	주민추천 전문가 위원, 장점마을 환경오염 및 주민건강 실태조사 중간보고서 내용 평가
2018. 7. 31.	장점마을 환경비상대책 민관협의회, 환경부와 국립환경과학원에 중간보고서 평가 의견서 보냄
2018. 8. 28	장점마을 주민대책위원회, 환경부에 역학조사 용역 중단 및 용역기관 교체 요구서 제출
2018. 10. 26, 31, 11. 7.	국립환경과학원 주관 비료공장, 마을 등 시료 채취
2018. 10. 26.	금강농산 공장 경매 낙찰
2018. 10. 31.	금강농산 폐기물 불법매립 발견
2018. 11. 8.	주민대책위원회, 금강농산 폐기물 불법매립 전수조사 및 수사 촉구 기자회견
2018. 11. 27.	금강농산 유기질비료 생산업 폐업 신고
2018. 11. 29.	금강농산 매입업체 공장 건조공정(로터리 킬른) 철거
2018. 12. 4~5.	익산시, 금강농산 불법 폐기물 매립 확인을 위한 굴착 조사 및 시료 채취
2018. 12. 6.	익산시, 금강농산 폐기물 불법매립 혐의로 익산경찰서에 고발
2019. 1. 25.	장점마을 주민대책위원장, 전주지방법원 군산지청에 금강농산 불법매립 사건 철저한 조사와 행위자 강력 처벌 탄원서 제출
2019. 1. 30.	금강농산 연초박 사용 관련 KT&G 책임촉구 및 수사 촉구 기자회견
2019. 2. 26.	익산시, 금강농산 비료관리법 위반 혐의로 익산경찰서에 고발
2019. 3. 15.	익산시, 「금강농산 부지 내 폐기물 불법매립 실태조사와 처리방안 연구」 용역 계약
2019. 4. 4.	장점마을 환경 피해사건 감사원 공익감사 청구를 위한 시민사회단체 간담회
2019. 4. 18.	장점마을 주민대책위, 익산지역 17개 시민사회단체, 장점마을 환경 피해사건에 대한 감사원 공익감사 청구 기자회견
2019. 5. 15.	금강농산 사업장폐기물 불법매립 실태조사와 처리방안 연구 용역 최종보고회
2019. 6. 20.	환경부, 장점마을 역학조사(주민건강영향조사) 결과 주민설명회 개최
2019. 6. 25.	장점마을 주민대책위, 민관협의회, 시민사회단체, 환경부 역학조사 결과에 대한 규탄 기자회견
2019. 6. 27.	장점마을 환경비상대책 민관협의회 국회 이정미 의원실 방문, 환경부, 국립환경과학원 실무자와 간담회
2019. 7. 18.	장점마을 주민대책위, 민관협의회, 환경부 역학조사 결과 규탄 국회 기자회견

2019. 7. 23.	한국역학회 자문회의
2019. 7. 26.	한국역학회 자문회의 합의 내용 공개 기자회견
2019. 8. 24.	집단 암 발병 장점마을 참사의 교훈과 향후 대책 국회 토론회
2019. 9. 26.	장점마을 주민대책위원회 KT&G 책임촉구 1차 상경 집회
2019. 11. 14.	환경부, 「익산 함라면(장점마을) 환경오염 및 주민건강 실태조사」 최종발표회
2019. 11. 14.	장점마을 주민대책위와 민관협의회, 환경부 역학조사 결과에 대한 입장발표 기자회견 및 장점마을 역학조사 과정에서 제기된 관련 법의 문제 및 개정 방향 제안서 전달
2019. 11. 21.	전라북도 환경녹지국장 장점마을 방문 주민간담회
2019. 11. 26.	민관협의회, 주민대책위원회, 전라북도 시군 연초박 퇴비 원료 사용 중단 촉구 성명서 발표
2019. 12. 3.	환경부 주관 장점마을 후속대책 관계기관 회의
2019. 12. 3.	민관협의회, 주민대책위원회, 농진청 장점마을 집단 암 발병 사태 책임촉구 성명서 발표
2019. 12. 10.	장점마을 주민대책위원회 KT&G 책임촉구 2차 상경 집회
2019. 12. 12.	송하진 전북도지사 장점마을 방문 사과, 12개 주민지원 사업 발표
2019. 12. 19.	집단 암 발병 장점마을의 교훈과 재발 방지대책 국회 토론회
2020. 4. ~ 5.	익산시, (구)금강농산 부지 내 매립폐기물 이적 처리
2020. 5. 21.	감사원 공익감사 마무리 촉구 성명서 발표
2020. 7. 14.	장점마을 주민 익산시, 전라북도 상대 손해배상 소송(민사조정신청)
2020. 8. 5.	감사원 공익감사 보고서 발표
2020. 8. 11.	감사원 공익감사 결과에 대한 주민 입장 기자회견
2020. 11. 24.	정세균 국무총리 비료공장 방문

서평

　저자를 포함하여 민관협의회 위원들이 나서지 않았다면 어떻게 되었을까. 아마도 남원 내기마을처럼 인과성을 확인하기 어렵다는 결론에 그쳤을 것이다. 주민들의 민원을 잠재우는 면피용이 되었을 것이다. 따라서 이 기록은 쓰레기소각시설과 가축분뇨처리시설, 유해 가스상 물질을 내뿜는 공장에 둘러싸여 시름시름 앓아가는 농촌마을 주민들의 권리 찾기 교과서이다. 환경오염물질 배출시설 주변 주민건강 영향조사를 당당하게 요구할 수 있는 근거이기도 하다.

– 〈이정현 / 환경운동연합 조직위원장〉

중세부터 서구사회의 과학, 철학과 신학을 이끌어온 인간중심주의는 자연의 지배를 통하여 산업혁명을 이끌어냈으나, '인간중심'이 아닌 '인간소외'라는 역설적 결과를 낳았고 물질 중심의 세상을 만들었다. 이 한 권의 책 '장점마을'에는 소외된 세상에서 환경피해로 고통받던 장점마을 사람들과 저자가 함께하며 겪은 이야기들이 파노라마처럼 담겨져 있다. 이 책은 피해를 받은 소수가 사회의 무관심과 외면, 성과주의 사회에서 어떻게 환경오염과 피해의 진실을 밝혀내었는지 그 힘겨웠던 여정을 담고 있다. 하나의 사건을 겪으며 사람이 중심이 되는 세상을 어떻게 열어갈 수 있는지 그 답이 그려져 있다.

- 〈곽동희 / 전북녹색환경지원센터장, 전북대 교수〉

장점마을

인쇄 2021년 11월 27일
발행 2021년 11월 30일

지은이 손문선
발행인 서정환
펴낸곳 신아출판사
주소 전북 전주시 완산구 공북1길 16(태평동 251-30)
전화 (063) 275-4000 · 0484
팩스 (063) 274-3131
이메일 sina321@hanmail.net essay321@hanmail.net
출판등록 제300-2013-133호
인쇄 · 제본 신아출판사

저작권자 ⓒ 2021, 손문선
이 책의 저작권은 저자에게 있습니다. 서면에 의한 저자의 허락없이 내용의 일부를
인용하거나 발췌하는 것을 금합니다.

저자와 협의, 인지는 생략합니다.
잘못된 책은 바꿔 드립니다.

ISBN 979-11-5605-991-2 03810

값 17,000원

Printed in KOREA